« Diplomatie et stratégie »

Collection dirigée par Emmanuel Caulier

Dernières parutions

Francine MUYUMBA FURAHA NKANGA, *Pour une diplomatie congolaise source de prospérité nationale et de rayonnement international,* 2026.

Mamadou SY TOUNKARA, *Israël, en attendant le quatrième miracle. Entre puissance et espérance*, 2026.

Djallil LOUNNAS, *Les « revenants » du djihad. Les stratégies de réconciliation en Afrique du Nord,* 2026.

Omar SLAOUI, *Algérie et BRICS. Le destin brisé,* 2026.

Alexandre SVETCHINE, *Stratégie*, 2026.

Charles Salvaudon, *Géopolitique, Cette force qui nous habite*, 2025.

Steeve NZEGHO DIEKO, *Enjeux géopolitiques et hydropolitiques dans le golfe de Guinée*, 2025.

Clément RISTORI, *L'Union européenne à l'épreuve de la guerre. Les nouveaux équilibres de la puissance européenne*, 2025.

Jospin CIZA NDINDI, *Pour le rétablissement de la paix dans l'est de la RD Congo. Le véritable diagnostic*, 2025.

Chérif SAMPIRING DIALLO, *Guinée : un carrefour géopolitique oublié. Lire le monde depuis ses marges,* 2025.

Marcel BOURDETTE-DONON, *Grands Lacs. Géopolitique, mémoire et conflits de souveraineté en Afrique centrale*, 2025.

Sileymane SOKOME, *Guide pratique pour les représentations diplomatiques et consulaires accréditées en République fédérale d'Allemagne,* 2025.

Mbome MONOBLOC LEA, *Théorie de la question primordiale du Cameroun*, 2025.

Samir SAUL, Michel SEYMOUR, *Le conflit mondial du XXIe siècle*, 2025.

Nicolas BADAOUI, *La diplomatie de l'énergie au Moyen-Orient et sur les deux rives de la Méditerranée*, 2025.

Lambert ISSAKA, *Demain, la Confédération des États de l'Afrique centrale ?,* 2025.

Bretton Woods : l'Afrique trahie

Promesses brisées, paradoxes structurels et impasses du développement

5-7, rue de l'École-Polytechnique, 75005 Paris

http://www.editions-harmattan.fr

ISBN : 978-2-336-60009-3
EAN : 9782336600093

Oumarou Sanda Awal

Bretton Woods : l'Afrique trahie

Promesses brisées, paradoxes structurels et impasses du développement

Préface d'Emmanuel Caulier

L'Harmattan

Du même auteur

Finance islamique : Efficacité pratique et éthique,
L'Harmattan, Paris, 2025

Dette Publique et développement au Cameroun,
L'Harmattan, Paris, 2025

Franc CFA et après,
Lys Bleu édition, Paris, 2025

Islamic Finance : Practical Efficiency and Ethics,
L'Harmattan, Paris, 2026

Fiscalité, financement structuré et le rôle du leveraged buyout,
L'Harmattan, Paris, 2026

Diaspora Camerounaise : Actrice de développement, entre engagement et défis,
L'Harmattan, Paris, 2026

Dédicace

À l'Afrique, riche de ses potentialités, de sa résilience et de sa diversité,

À celles et ceux qui œuvrent chaque jour, souvent dans l'ombre, pour bâtir un développement endogène, juste et durable,

Et à tous ceux qui croient, malgré les défis et les paradoxes, que l'histoire économique du continent peut être réécrite avec dignité, autonomie et audace.

Remerciements

La réalisation de cet ouvrage n'aurait pu voir le jour sans le soutien, la patience et l'inspiration de nombreuses personnes et institutions qui ont jalonné mon parcours personnel, académique et professionnel.

Je tiens tout d'abord à exprimer ma profonde gratitude aux chercheurs, universitaires et experts en économie et en développement qui, par la rigueur de leurs travaux, ont éclairé mon analyse et nourri ma réflexion sur les institutions de Bretton Woods et l'expérience africaine. Leurs écrits ont constitué pour moi des repères essentiels, des sources de questionnement et parfois de remise en cause salutaire.

Je remercie également les acteurs institutionnels et les représentants de la société civile africaine, en particulier au Ghana, qui ont accepté de partager témoignages, données et expériences. Leur contribution a permis de donner chair aux analyses économiques, en révélant la dimension humaine, sociale et politique souvent absente des modèles et des prescriptions internationales.

Ce travail s'inscrit aussi dans un cheminement personnel plus ancien. Je souhaite rendre un hommage respectueux et reconnaissant à celles et ceux qui, par leurs conseils avisés, leur soutien multiforme et leur confiance, ont marqué de manière décisive mon parcours, depuis ma jeunesse jusqu'à mes études à l'étranger, l'obtention de mes diplômes et ma carrière d'économiste financier. Je pense notamment à *Sa Majesté Issa MAIGARI*, Lamido de Ngaoundéré, à *El Hadj Mohamadou Abbo OUSMANOU*, éminent acteur économique camerounais, à *Son Excellence Simon Achidi ASHU*, ancien Premier

Ministre du Cameroun, à *Son Excellence Jean-Marc MPAY*, ancien ambassadeur du Cameroun en Allemagne, ainsi qu'au *Professeur Joseph OWONA*, ancien membre du Conseil constitutionnel du Cameroun, dont la rigueur intellectuelle, le sens de l'État et l'exigence républicaine ont durablement nourri ma réflexion. Plusieurs de ces figures tutélaires, aujourd'hui disparues, ont profondément influencé mon engagement. Je tiens également à exprimer ma reconnaissance à *El Hadj Baba DANPULLO*, pour son soutien et son attention constante à l'égard de mon parcours.

Je souhaite enfin remercier mes proches, amis et collègues pour leur patience, leurs encouragements et leur confiance. Leur présence discrète mais constante, ainsi que les échanges nourris tout au long de ce travail, ont été d'un soutien précieux.

À vous, lectrices et lecteurs — décideurs, étudiants, chercheurs ou citoyens engagés — j'adresse mes remerciements. Puissent ces pages contribuer à nourrir votre réflexion et à éclairer les enjeux complexes du développement africain dans un monde en recomposition.

Oumarou Sanda Awal

Préface

« Salus populi suprema lex esto »
Que le salut (le bien-être) du peuple soit la loi suprême.
Ciceron, De Legibus (III,III, sub. VIII)

Il est des ouvrages qui s'imposent moins par l'audace de leurs formules que par la gravité de leur regard. Bretton Woods : L'Afrique trahie appartient à cette lignée rare des livres qui ne cherchent ni l'effet ni la polémique, mais qui s'attachent, avec une rigueur patiente, à éclairer les ressorts profonds d'un ordre économique mondial et les conséquences durables qu'il a produites sur le continent africain. Ce livre ne se contente pas d'examiner des politiques ; il interroge une vision du monde.

Oumarou Sanda Awal aborde cette matière complexe avec une autorité qui ne procède jamais de l'affirmation, mais de la maîtrise. Expert en finance internationale, analyste des politiques économiques et stratège du développement, il connaît de l'intérieur les mécanismes d'endettement, les logiques de gouvernance financière et les cadres décisionnels où se jouent, souvent loin des peuples, des choix déterminants. Cette familiarité avec les arcanes du système international confère à son travail une densité particulière : ici, la critique est informée, et la prospective s'enracine dans l'expérience.

L'ouvrage s'ouvre par un retour aux fondations. En revisitant la conférence de Bretton Woods de 1944, l'auteur rappelle que ces institutions furent conçues pour répondre à l'urgence d'un monde occidental dévasté par la guerre, animé par la quête de stabilité monétaire et de reconstruction. Cette architecture, pensée pour des économies industrialisées, allait pourtant devenir, quelques décennies plus tard, la matrice normative imposée à des sociétés africaines nouvellement indépendantes, engagées dans une quête de développement, de souveraineté et de reconnaissance. Cette dissymétrie originelle traverse l'ensemble du livre comme un fil discret, mais constant.

La progression de l'analyse épouse ensuite le rythme de l'histoire africaine contemporaine : l'entrée dans le système de Bretton Woods, porteuse d'espoirs financiers et institutionnels ; la montée des dépendances ; puis la rupture brutale des années 1980, lorsque la crise de la dette transforme le développement en ajustement. Le triomphe du consensus de Washington et l'avènement des programmes d'ajustement structurel marquent un tournant idéologique majeur, que l'auteur examine avec une sobriété méthodique. La libéralisation, la privatisation et la discipline budgétaire y apparaissent non comme de simples instruments techniques, mais comme les piliers d'une conception particulière du progrès.

Oumarou Sanda Awal ne nie pas les succès partiels de cette stabilisation macroéconomique. Il en reconnaît les effets mesurables, tout en en révélant les limites profondes. Car, comme l'écrivait John Maynard Keynes, « les hommes pratiques, qui se croient exempts de toute influence intellectuelle, sont généralement les esclaves de quelque économiste défunt ». Derrière les équilibres comptables et les indicateurs rassurants, l'auteur met au jour un décalage persistant entre la rationalité économique et le vécu social.

C'est dans cette confrontation entre chiffres et réalités humaines que le livre atteint sa pleine maturité. Les chapitres consacrés au coût social de l'ajustement — santé, éducation, accès à l'eau, dignité — rappellent que le développement ne saurait être réduit à une performance macroéconomique. Le choix du Ghana comme fil conducteur illustre avec force le paradoxe d'un pays érigé en modèle institutionnel, mais confronté à la persistance de la pauvreté, des inégalités et d'une redistribution inachevée des richesses naturelles.

Cette approche rejoint la réflexion d'Amartya Sen, pour qui « le développement exige l'élimination des principales sources de non-liberté », qu'il s'agisse de la pauvreté, de la tyrannie ou des privations sociales qui entravent la pleine existence des individus (Development as Freedom, 1999). Loin de toute abstraction, cette perspective rappelle que le développement est avant tout humain et que les politiques économiques ne prennent sens qu'à travers leurs effets sur la liberté et la dignité des peuples.

Au fil des chapitres, l'ouvrage élargit encore son horizon : agriculture fragilisée par le libre-échange, dette devenue instrument de transformation des États, souveraineté budgétaire sous contrainte, responsabilité diluée dans un système décisionnel éclaté. Chaque partie s'inscrit dans une construction d'ensemble cohérente, révélant un ordre économique mondial où les règles se veulent universelles, mais produisent des effets profondément asymétriques. Cette lecture systémique, alliée à une grande clarté pédagogique, distingue ce livre des essais fragmentaires ou strictement militants.

Pourtant, Bretton Woods : L'Afrique trahie ne se referme ni sur la plainte ni sur la résignation. Les dernières sections ouvrent un espace de réflexion tournée vers l'avenir : résistances sociales, émergence d'un discours critique africain, remise en cause de la passivité politique. Le développement endogène, la souveraineté économique et alimentaire, la capacité de l'État à définir ses priorités et à investir dans le capital humain apparaissent alors comme les conditions d'une refondation durable.

La conclusion générale, à laquelle cette préface prépare le lecteur, dépasse le seul cadre africain. Elle affirme que la stabilité sans prospérité n'est pas seulement un échec local, mais un déséquilibre mondial. En appelant à un nouveau pacte économique fondé sur l'équité, la reconnaissance des asymétries historiques et la responsabilité partagée, Oumarou Sanda Awal inscrit sa réflexion dans une tradition intellectuelle universelle, où l'économie n'est jamais dissociée de la justice.

Ainsi, ce livre ne se contente pas d'analyser l'Afrique face aux institutions internationales ; il invite à repenser ces institutions à la lumière de l'expérience africaine. Et il rappelle, avec une gravité presque classique, que toute organisation politique ou économique n'a de sens que si elle sert la finalité humaine. Comme l'écrivait Aristote dans La Politique : « La cité naît pour la vie, mais elle subsiste pour la vie bonne ».

Emmanuel CAULIER,
Avocat à la Cour d'appel de Paris et
Conseil devant la Cour pénale internationale de la Haye

Avant-propos

Depuis plus de quatre décennies, les institutions de Bretton Woods — le Fonds monétaire international et la Banque mondiale — occupent une place centrale dans les trajectoires économiques de nombreux pays africains. Présentées comme des partenaires du développement, des gardiennes de la stabilité macroéconomique et des catalyseurs de la croissance, elles ont profondément influencé les politiques publiques, les choix budgétaires et les priorités économiques du continent.

Pourtant, malgré des décennies de réformes, de programmes d'ajustement, de stratégies de réduction de la pauvreté et d'initiatives d'allègement de la dette, une question persiste, lancinante : où est le développement ? Comment expliquer que des pays riches en ressources naturelles, en capital humain et en potentiel agricole continuent de lutter pour offrir à leurs populations un accès décent à l'eau potable, aux soins de santé, à l'éducation et à l'emploi ? Pourquoi les indicateurs macroéconomiques s'améliorent-ils parfois alors que les conditions de vie se dégradent durablement ?

Cet ouvrage ne se veut ni un réquisitoire idéologique contre les institutions financières internationales, ni une défense complaisante de leurs politiques. Il part d'un constat simple : le développement ne peut être évalué uniquement à l'aune des équilibres budgétaires, de la discipline monétaire ou des flux financiers. Il se mesure aussi — et peut-être d'abord — à la dignité des populations, à leur capacité à subvenir à leurs besoins essentiels, à participer aux décisions qui les concernent et à se projeter dans l'avenir.

À travers l'analyse des politiques mises en œuvre par le FMI et la Banque mondiale en Afrique, et en s'appuyant sur des cas concrets — notamment celui du Ghana, longtemps présenté comme un « élève modèle » — ce livre interroge les effets réels des réformes prescrites au nom du développement. Il met en lumière les *paradoxes d'un modèle* qui, tout en cherchant à stabiliser les économies, a parfois fragilisé les sociétés ; qui, en promouvant l'ouverture et la compétitivité, a contribué à la désarticulation de filières locales vitales ; et qui, en conditionnant l'accès aux ressources financières, a réduit les marges de souveraineté des États.

L'enjeu de cette réflexion dépasse largement le cadre africain. Dans un monde marqué par des inégalités croissantes, des migrations massives, des crises sanitaires et sécuritaires, le développement n'est plus une question périphérique : il est devenu un *impératif global*. Les frustrations nées de la pauvreté persistante, de l'humiliation économique et de l'absence de perspectives ne restent jamais confinées à leurs lieux d'origine. Elles traversent les frontières, les continents et les générations.

Ce livre donne également une place centrale aux *voix souvent absentes* des analyses économiques traditionnelles : celles des paysans expropriés, des femmes contraintes de choisir entre se nourrir et boire de l'eau potable, des malades retenus dans les hôpitaux faute de moyens, mais aussi celles des intellectuels africains, des militants, des journalistes et des citoyens ordinaires qui interrogent, contestent et proposent. Car comprendre le développement sans écouter ceux qui le vivent revient à produire des politiques aveugles.

Plus encore, l'ouvrage explore *la mémoire institutionnelle et sociale*, la défiance envers les institutions internationales et la nécessité de modèles de développement endogènes. Il met en lumière les conditions d'une autonomie africaine réelle, fondée sur la *souveraineté économique, l'investissement social stratégique et la capacité des États à définir leurs priorités*, tout en interagissant de manière équilibrée avec le reste du monde.

Enfin, cet ouvrage est une *invitation à repenser le développement africain autrement.* Non pas comme un processus importé, standardisé et conditionné, mais comme une construction endogène, capable de transformer la dépendance en autonomie, la vulnérabilité en puissance et les contraintes en opportunités. Questionner l'action des institutions de Bretton Woods n'est pas refuser la coopération internationale ; c'est au contraire chercher à la rendre *plus juste, plus efficace et plus humaine.*

Si ce livre parvient à susciter le débat, à bousculer certaines certitudes et à ouvrir des pistes concrètes pour un développement africain véritablement inclusif et souverain, alors il aura pleinement atteint son objectif.

1. Note d'intention éditoriale

Bretton Woods : l'Afrique trahie

Promesses brisées, paradoxes structurels et impasses

1. Objet de l'ouvrage

Cet ouvrage analyse de manière critique le rôle des institutions de Bretton Woods – principalement le Fonds Monétaire International (FMI) et la Banque mondiale – dans le développement des pays africains depuis les indépendances. Il questionne les *apports réels, les limites et les conséquences sociales, économiques et politiques* de leurs interventions. L'objectif est de fournir une vision intégrée qui combine *analyse historique, économique et sociopolitique*, tout en explorant des pistes pour un *développement africain endogène, souverain et inclusif*, centré sur les besoins des populations.

2. Problématique

Malgré des décennies de programmes économiques, d'ajustements structurels et de prêts conditionnels, de nombreux pays africains restent confrontés à :

- La pauvreté persistante,
- Les inégalités structurelles,
- La dépendance extérieure,
- La fragilisation des services publics essentiels.

Les succès revendiqués par les institutions internationales contrastent fortement avec les *réalités vécues par les populations*, renforçant la défiance et l'exclusion sociale.

L'ouvrage pose ainsi plusieurs questions clés :

- Quelle est la contribution réelle du FMI et de la Banque mondiale au développement durable des pays africains ?
- Dans quelle mesure leurs politiques ont-elles favorisé l'exode rural, l'endettement public, la privatisation des services essentiels et l'accroissement des inégalités ?
- Comment concilier les exigences de la globalisation financière avec la *souveraineté, l'autonomie et le bien-être des populations locales ?*

3. Objectifs de l'ouvrage

1. Informer et sensibiliser sur l'impact concret des politiques de Bretton Woods sur le développement africain.
2. Documenter, à partir d'études de cas, de témoignages et de données historiques, les effets des programmes d'ajustement structurel et des politiques économiques imposées.
3. Analyser de manière critique les mécanismes de financement, de dette, de privatisation et d'ouverture des marchés.
4. Proposer des pistes de réflexion et d'action pour un *développement africain autonome, endogène et inclusif*, capable de transformer la dépendance en pouvoir d'action.

4. Public cible

- Chercheurs et étudiants en économie, sciences politiques, relations internationales et développement.
- Décideurs politiques, fonctionnaires et acteurs de la coopération internationale.
- Journalistes, activistes et ONG engagés dans la gouvernance économique et sociale en Afrique.
- Lecteurs africains et internationaux souhaitant comprendre les enjeux d'un développement *réel, durable et souverain.*

5. Structure et approche

L'ouvrage adopte une approche *pluridimensionnelle et intégrative*, combinant :

- Analyse historique et contextuelle des institutions de Bretton Woods et de leur implantation en Afrique.
- Études de terrain et témoignages (paysans, travailleurs, militants, journalistes africains).
- Analyse économique et critique des politiques (prêts conditionnels, ajustements structurels, dette, privatisation des services publics).
- Comparaisons internationales pour illustrer les effets différenciés des politiques dans divers pays africains et dans les pays du Nord.
- Recommandations stratégiques pour une politique de développement *plus équitable, durable et adaptée aux réalités africaines.*

6. Style et ton

Le texte combine *rigueur analytique et narration vivante*, rendant accessible un sujet complexe sans sacrifier la précision. L'auteur alterne :

- Analyse macroéconomique,
- Récits de terrain et témoignages directs,
- Réflexions critiques et prospectives.

Valeur ajoutée :

- Mettre en lumière la contradiction entre les intentions proclamées des institutions internationales et les réalités vécues par les populations.
- Offrir un outil de compréhension et de débat pour les décideurs et citoyens africains.
- Contribuer à une réflexion sur la *souveraineté économique, la justice sociale et la responsabilité partagée dans le contexte mondial.*

7. Conclusion

Cet ouvrage se veut un *appel à la réflexion critique et à l'action éclairée*. Il interroge les fondements mêmes des politiques imposées par les institutions de Bretton Woods et leur capacité à générer un *développement humain réel et durable en Afrique*.

Plus qu'un constat, il propose un *dialogue constructif entre les acteurs africains et les institutions internationales*, afin que le développement ne soit plus subi mais *choisi, maîtrisé et partagé*, et que l'Afrique devienne pleinement actrice de son destin économique et social.

2. Revue de littérature

1. Introduction à la littérature existante

La littérature académique sur les institutions de Bretton Woods et le développement africain est à la fois abondante et diversifiée, mêlant analyses économiques, études politiques, recherches sociologiques et témoignages de terrain. L'essentiel des travaux se concentre sur les effets des *Programmes d'Ajustement Structurel (PAS)* initiés à partir des années 1980 par le FMI et la Banque mondiale, ainsi que sur l'impact des politiques de libéralisation économique et de privatisation imposées aux pays africains endettés.

Les chercheurs s'accordent sur l'importance historique de ces institutions : elles ont structuré la finance mondiale et imposé des règles de gouvernance économique. Cependant, leur contribution au *développement durable en Afrique* est fortement contestée. De nombreuses études documentent des effets pervers persistants : aggravation de la pauvreté, concentration des richesses, fragilisation des services publics, exode rural et dépendance accrue aux flux financiers internationaux.

2. Les programmes d'ajustement structurel et leurs critiques

Principales références :

- *Jean-Paul Azam (1995, 2001)* : souligne l'impact négatif des PAS sur la souveraineté économique et les inégalités sociales, notamment dans les secteurs de la santé et de l'éducation.

- *William Easterly (2006, The White Man's Burden)* : critique la vision technocratique des institutions internationales, qui imposent des recettes standardisées sans tenir compte des réalités locales.
- *Joseph Stiglitz (2002, Globalization and Its Discontents)* : montre comment la libéralisation forcée et la privatisation ont fragilisé les économies africaines, souvent au bénéfice des multinationales étrangères.

Synthèse critique :

La littérature met en évidence que les PAS, en imposant la réduction des dépenses publiques, la privatisation des services essentiels et l'ouverture totale des marchés, ont souvent aggravé la pauvreté et limité l'accès aux biens de première nécessité (eau, santé, alimentation). Les témoignages de terrain révèlent que la théorie économique prônée par ces institutions ne reflète pas la réalité socio-économique locale, créant un décalage majeur entre les objectifs proclamés et les effets concrets sur les populations.

3. Les effets des prêts conditionnels et de la dette

Références clés :

- *Patrick Bond (2003)* : analyse les effets de la dette sur les politiques sociales et la capacité des États africains à investir dans le développement humain.
- *Ngozi Okonjo-Iweala (2012, Reforming the Unreformable)* : détaille les défis de la gestion de la dette dans les pays africains et l'effet de levier des institutions financières internationales.

Points saillants :

- Les prêts conditionnels ont souvent servi d'instrument pour imposer des réformes structurelles, plutôt que pour soutenir un développement endogène.
- La dette croissante limite la capacité des États à investir dans l'éducation, la santé et l'agriculture vivrière.
- Les populations rurales et urbaines pauvres sont les principales victimes, renforçant le sentiment de dépendance et de vulnérabilité.

4. Privatisation et services publics : eau, santé, éducation

Références :

- *Susan George (1990, A Fate Worse Than Debt)* : documente les effets de la privatisation forcée sur l'accès aux services publics en Afrique.
- *John Kampfner (BBC, début des années 2000)* : montre, à travers des exemples au Ghana, les conséquences sociales des politiques de privatisation et de recouvrement des coûts, en particulier sur l'accès à l'eau et aux soins de santé.

Constats :

- La privatisation des services de base entraîne souvent une augmentation significative des coûts pour les usagers, limitant l'accès des populations les plus pauvres.
- Les mécanismes de « cash and carry » et de récupération des coûts ont restreint l'accès à

l'éducation et aux soins de santé, malgré les discours institutionnels sur la réduction de la pauvreté.

- Les situations documentées au Ghana illustrent le décalage persistant entre les objectifs affichés et la réalité sociale vécue.

5. Mondialisation, commerce et agriculture

Références :

- *Ha-Joon Chang (2007, Bad Samaritans)* : critique l'imposition d'une économie de marché universelle et la suppression des protections agricoles locales.
- *Thandika Mkandawire (2005)* : souligne l'impact de la libéralisation sur l'agriculture vivrière et la sécurité alimentaire.

Points saillants :

- L'ouverture totale des marchés favorise les importations subventionnées et les multinationales, au détriment de la production locale.
- La concentration sur les exportations de matières premières accroît la vulnérabilité économique et limite le développement de filières locales.
- L'autosuffisance alimentaire est compromise, augmentant l'exode rural et la dépendance extérieure.

6. Gouvernance et responsabilité sociale des institutions

Références :

- *Amartya Sen (2001, Development as Freedom)* : insiste sur la centralité des libertés individuelles et du développement humain.
- *James Ferguson (2006, Global Shadows)* : analyse la distance entre la politique économique imposée et la vie quotidienne des populations.

Observations :

- Les intentions de réduction de la pauvreté affichées par les institutions internationales sont souvent déconnectées du terrain.
- L'absence de mécanismes de redevabilité réelle alimente la défiance et le ressentiment des populations africaines.
- L'émergence de mouvements locaux et de voix critiques souligne la nécessité d'une réforme profonde des approches de développement.

7. Conclusion de la revue de littérature

La littérature converge sur plusieurs points essentiels :

1. Les programmes des institutions de Bretton Woods ont profondément influencé les économies africaines, souvent au prix de la souveraineté nationale et de la qualité de vie des populations.
2. Les politiques standardisées et les prêts conditionnels ont généré des effets pervers,

amplifiant les inégalités et fragilisant les services publics.

3. Les études de terrain montrent un écart constant entre les intentions proclamées et la réalité vécue.
4. Une approche contextuelle, participative et centrée sur le développement humain est nécessaire pour rééquilibrer les politiques et restaurer la confiance.

Cette revue de littérature justifie pleinement l'approche de l'ouvrage : *synthèse analytique, critique et prospective*, intégrant analyses macroéconomiques, témoignages de terrain et perspectives historiques, pour proposer une vision complète et nuancée du rôle réel des institutions de Bretton Woods dans le développement africain.

3. Introduction Générale – L'Afrique face aux institutions internationales : comprendre pour agir

L'Afrique est un continent aux potentialités immenses : ressources naturelles, richesse humaine et diversité culturelle offrent des atouts considérables pour un développement durable et inclusif. Et pourtant, cette promesse reste largement entravée par des modèles économiques importés et des mécanismes de gouvernance qui échappent aux sociétés africaines. L'histoire des relations avec les institutions internationales, et notamment avec le FMI et la Banque mondiale, illustre un paradoxe persistant : stabilité économique et programmes de financement se conjuguent souvent à des coûts sociaux élevés et à une dépendance structurelle durable.

L'objectif de cette introduction est d'ouvrir le lecteur à la compréhension des dynamiques historiques, économiques et sociales qui ont façonné le développement africain au cours des soixante dernières années, tout en posant les jalons pour réfléchir à des alternatives endogènes et stratégiques.

1. Le fil rouge de l'ouvrage

L'analyse qui suit explore, chapitre après chapitre, le rôle des institutions internationales dans le développement africain, en soulignant :

- **Des intentions initiales souvent louables**, centrées sur la stabilité macroéconomique et la reconstruction post-coloniale ;

- **Une mise en œuvre contrastée**, où les succès macroéconomiques partiels ont coexisté avec des coûts humains et sociaux considérables ;
- **Des asymétries structurelles et institutionnelles**, qui ont limité l'efficacité réelle des programmes sur le bien-être des populations et sur la souveraineté des États africains.

Le Ghana, présenté comme laboratoire exemplaire, illustre de manière concrète ces paradoxes : un pays affichant des résultats macroéconomiques honorables peut, simultanément, subir des fragilités sociales profondes et des contraintes imposées de l'extérieur.

2. Objectifs et enseignements de la démarche

Cet ouvrage vise à dépasser la simple analyse des indicateurs financiers et à mettre en lumière les dimensions sociales, humaines et politiques du développement africain. Plusieurs enseignements fondamentaux émergent :

- **Le développement dépasse les chiffres** : il inclut la dignité, l'accès aux droits fondamentaux et la capacité des populations à décider de leur avenir.
- **La dépendance aux modèles extérieurs a ses limites** : sans stratégies endogènes, elle peut accentuer la vulnérabilité et la marginalisation.
- **L'Afrique peut se réinventer comme acteur autonome** : capable de transformer contraintes et vulnérabilités en leviers d'innovation et d'autonomie stratégique.

Ces perspectives invitent le lecteur, qu'il soit décideur, universitaire ou citoyen engagé, à interroger les structures de pouvoir et les récits officiels qui façonnent la perception et la réalité du développement africain.

3. Invitation à la réflexion et à l'action

Au-delà de l'analyse, cet ouvrage propose un appel à l'action et à la réflexion critique :

- **Remettre en question les approches universelles** qui ignorent les contextes locaux et les spécificités culturelles et économiques ;
- **Valoriser les solutions endogènes** et les savoirs africains, en les combinant avec les meilleures pratiques internationales adaptées ;
- **Redéfinir la coopération internationale** comme un partenariat équilibré, respectueux de la souveraineté et de l'autonomie décisionnelle des États africains.

La créativité, la résilience et l'histoire du continent offrent autant de leviers pour transformer dépendance et vulnérabilité en autonomie et puissance.

4. Vers un horizon africain et mondial partagé

Enfin, cette introduction rappelle que l'enjeu du développement africain s'inscrit dans une logique globale et interconnectée :

- Les relations Nord-Sud, les asymétries historiques et structurelles, et les responsabilités collectives sont autant de facteurs déterminants ;

- L'Afrique, loin d'être un simple spectateur, peut devenir un acteur majeur du changement, capable de peser sur les règles du jeu mondial et de tracer ses propres trajectoires de développement.

Ainsi, cette introduction n'est pas une conclusion : elle constitue *une ouverture* sur le cheminement que propose l'ouvrage, invitant le lecteur à comprendre, questionner et anticiper un développement africain choisi, maîtrisé et durable.

4. Bretton Woods : une architecture née d'un monde en ruines

À l'aube de l'été 1944, alors que la Seconde Guerre mondiale n'est pas encore achevée, le monde vit une situation de désorganisation économique profonde. Les économies européennes et asiatiques sont exsangues, les circuits commerciaux fragmentés, les monnaies instables et la confiance entre nations lourdement entamée. La mémoire encore vive de la Grande Dépression des années 1930 nourrit la crainte d'un retour aux politiques de repli, aux dévaluations compétitives et aux antagonismes économiques susceptibles de dégénérer en conflits armés. Dans ce contexte, les puissances alliées prennent conscience d'une évidence stratégique : la paix durable ne peut être dissociée d'un ordre économique international stable, coordonné et institutionnalisé. Il devient alors impératif de concevoir un cadre qui permette non seulement de restaurer la confiance entre nations, mais aussi d'éviter les crises financières et les tensions commerciales susceptibles de compromettre un équilibre mondial déjà précaire.

C'est dans cette urgence historique qu'est convoquée la Conférence monétaire et financière des Nations unies, tenue à Bretton Woods, dans le New Hampshire, en juillet 1944. Ce moment fondateur aboutit à la création de deux institutions appelées à structurer durablement la gouvernance économique mondiale : le Fonds monétaire international (FMI) et la Banque internationale pour la reconstruction et le développement, future Banque mondiale. L'architecture ainsi conçue se veut universelle, fondée sur la coopération et la discipline financière, mais elle reflète également les priorités et les intérêts des puissances victorieuses, posant les bases d'un ordre qui ne tiendra pas toujours compte des spécificités des pays nouvellement indépendants ou en voie de développement.

Ce chapitre revient sur la genèse de cette architecture, ses objectifs initiaux et ses présupposés implicites, afin de comprendre comment un système conçu pour stabiliser le monde d'après-guerre portait déjà en lui les limites qui se manifesteront plus tard, notamment pour les pays africains. Il analyse comment la vision de stabilité macroéconomique et de reconstruction, bien qu'innovante et ambitieuse, introduit des asymétries et des structures décisionnelles qui, dans les décennies suivantes, auront des conséquences durables sur les trajectoires de développement africaines.

4.1 Contexte historique de 1944

En 1944, le monde présente l'image d'une planète profondément fragilisée par les conflits et les tensions accumulées au cours des décennies précédentes. En Europe, les villes industrielles et portuaires sont en ruines, les réseaux ferroviaires et énergétiques détruits, et les capacités productives fortement réduites, entraînant chômage massif et précarité. En Asie, les combats et l'occupation ont provoqué des désorganisations économiques importantes et aggravé les pénuries alimentaires, tandis que les finances publiques des États sont exsangues, alourdies par l'effort de guerre. L'inflation galopante et les déséquilibres monétaires menacent la cohésion sociale et exacerbent les tensions politiques, dressant un tableau d'urgence économique et humanitaire.

Cette situation est analysée à la lumière des leçons du passé, en particulier de la crise de 1929 et de la décennie suivante. L'absence de mécanismes de coordination internationale avait alors favorisé le protectionnisme, les dévaluations unilatérales et la contraction du commerce mondial, aggravant la dépression et accentuant les instabilités sociales et politiques. Les dirigeants de 1944 tirent de cette expérience une conclusion claire : le retour au laisser-faire monétaire et financier serait dangereux et risquerait de reproduire des désastres comparables. La nécessité d'un cadre multilatéral capable de réguler les flux financiers, de stabiliser les monnaies et de faciliter la reconstruction devient un objectif prioritaire.

Dans ce contexte, les États-Unis occupent une position centrale. Première puissance économique mondiale et détentrice de la majorité des réserves d'or, Washington dispose de l'influence et des moyens financiers pour impulser un nouvel ordre économique. Le Royaume-Uni, affaibli par la guerre mais riche d'une longue expérience dans la gestion financière internationale, joue un rôle clé dans les négociations, apportant savoir-faire et légitimité. Ensemble, ils posent les bases d'un système multilatéral visant à reconstruire les économies détruites, relancer les échanges internationaux et prévenir de futures crises systémiques.

Derrière cette ambition économique se dessine une conviction stratégique : la stabilité financière et monétaire constitue un pilier fondamental pour la paix internationale et la prévention des conflits. Les négociations de Bretton Woods traduisent ainsi une double préoccupation : reconstruire matériellement les pays dévastés et instaurer des institutions capables de coordonner la gouvernance économique mondiale, en plaçant la coopération multilatérale au centre d'un ordre international pérenne.

4.2 Objectifs initiaux : stabilité, reconstruction, coopération

La Conférence de Bretton Woods, tenue en juillet 1944, fixe des objectifs à la fois techniques et politiques qui traduisent la volonté de prévenir les crises économiques et de garantir un ordre mondial durable. Le premier objectif majeur est la stabilité économique mondiale. Les dirigeants souhaitent mettre fin aux fluctuations erratiques des monnaies et aux dévaluations compétitives qui avaient caractérisé l'entre-deux-guerres et contribué à la dépression mondiale. Pour ce faire, un système de taux de change fixes mais ajustables est conçu, avec le dollar américain comme monnaie pivot, convertible en or. Cette architecture monétaire devait fournir un cadre prévisible pour le commerce international et l'investissement, en réduisant l'incertitude et en facilitant la planification économique à long terme pour tous les pays participants.

Le deuxième objectif vise la reconstruction et le financement du développement. Les pays européens et asiatiques, dévastés par la guerre, ont besoin de capitaux massifs pour reconstruire leurs infrastructures, relancer leurs industries et répondre aux besoins essentiels de leurs populations. Les marchés financiers privés, fragilisés par la guerre et la méfiance générale envers le risque, ne peuvent à eux seuls mobiliser les fonds nécessaires. C'est pourquoi les délégués de Bretton Woods envisagent la création d'institutions publiques multilatérales capables de canaliser l'épargne internationale vers des projets de reconstruction et de croissance, assurant à la fois un financement stable et un encadrement des conditions de prêt.

Le troisième pilier de la conférence est la coopération multilatérale. La rupture avec les approches unilatérales du passé est nette : les États conviennent de coordonner leurs politiques économiques, d'échanger des informations de manière transparente et d'adhérer à un ensemble de règles communes. Cette coopération est perçue comme un rempart contre le nationalisme économique qui avait exacerbé les crises et comme une garantie de stabilité politique mondiale. Elle implique cependant un équilibre de pouvoir inégal : les nations industrialisées, et plus particulièrement les États-Unis, disposent d'une influence prépondérante sur les décisions et la gouvernance du système, ce qui structure durablement les rapports entre pays développés et nations en reconstruction.

Enfin, ces trois objectifs – stabilité, reconstruction et coopération – ne sont pas indépendants mais interdépendants. La stabilité monétaire favorise la confiance des investisseurs et la circulation des capitaux nécessaires à la reconstruction, tandis que la coopération multilatérale permet de coordonner les efforts et de prévenir des déséquilibres qui pourraient compromettre la paix économique. Ensemble, ils traduisent une ambition inédite : créer un ordre économique mondial organisé, régulé et institutionnalisé, capable de transformer les leçons dramatiques des décennies précédentes en un cadre durable de prospérité partagée.

4.3 Rôle assigné au FMI et à la Banque mondiale

Les accords de Bretton Woods donnent naissance à deux institutions distinctes mais complémentaires, conçues pour répondre aux besoins d'un système économique mondial en pleine reconstruction. Leur création traduit l'ambition de réguler et d'organiser un ordre monétaire et financier international, tout en assurant un financement cohérent de la reconstruction et, progressivement, du développement à long terme. Le FMI et la Banque mondiale ne sont pas de simples instruments financiers : ils incarnent l'idée d'une gouvernance économique multilatérale capable de prévenir les désordres qui avaient conduit aux crises passées.

Le Fonds monétaire international se voit assigner la mission centrale de garantir la stabilité du système monétaire international. Il intervient auprès des pays confrontés à des déséquilibres temporaires de leur balance des paiements afin d'éviter des ajustements brutaux susceptibles de déstabiliser l'économie mondiale. Pour remplir cette fonction, le FMI offre des prêts conditionnels, assortis de recommandations en matière de politique budgétaire, monétaire et, plus largement, économique. Cette conditionnalité, introduite dès l'origine, confère à l'institution un rôle normatif : elle ne se contente pas de prêter, elle définit également les comportements économiques jugés compatibles avec la stabilité internationale. Cette approche structure dès le départ une relation asymétrique entre les pays bénéficiaires et l'institution, qui deviendra un élément central de l'expérience africaine avec le FMI dans les décennies suivantes.

La Banque mondiale, pour sa part, est initialement destinée à financer la reconstruction de l'Europe, dévastée par la guerre. Rapidement, son mandat s'étend au développement des pays à faible revenu, marquant le passage d'une logique de reconstruction à une logique de croissance économique à long terme. L'institution agit comme un investisseur institutionnel majeur, mobilisant des fonds pour construire des infrastructures, développer l'énergie, moderniser les transports et soutenir des réformes sectorielles jugées essentielles à la croissance. À travers ces interventions, elle devient un acteur central du développement économique international, capable de définir des priorités d'investissement qui influencent durablement les trajectoires des pays bénéficiaires.

Ensemble, le FMI et la Banque mondiale incarnent une vision coordonnée de la gouvernance économique mondiale. Le FMI assure la stabilité macroéconomique, tandis que la Banque mondiale finance la reconstruction et le développement. Cette complémentarité traduit la volonté de créer un système intégré où l'ajustement monétaire et la planification des investissements se renforcent mutuellement, offrant un cadre institutionnel inédit dans l'histoire économique mondiale. Elle pose également les bases d'une relation complexe avec les pays en développement, où l'assistance technique, la conditionnalité et la planification stratégique deviennent autant d'instruments de pilotage économique global.

4.4 Une architecture pensée pour les États industrialisés

Malgré l'ambition affichée d'instaurer un ordre économique mondial stable et coopératif, l'architecture de Bretton Woods reflète profondément le contexte géopolitique de sa création. En 1944, la majorité des pays africains, asiatiques et latino-américains sont encore sous domination coloniale ou en situation de dépendance politique et économique. Leur absence aux négociations implique que le système est conçu essentiellement par et pour les puissances industrialisées, à partir de leurs besoins de reconstruction, de sécurité monétaire et de relance des échanges internationaux. Cette configuration détermine non seulement les règles de fonctionnement des institutions, mais aussi les priorités et les méthodes d'intervention qui marqueront durablement le rôle des pays du Nord dans l'économie mondiale.

Les mécanismes imaginés par Bretton Woods reposent sur des hypothèses implicites : existence d'États dotés de structures administratives solides, de systèmes financiers organisés et de capacités productives diversifiées. Ces conditions étaient largement réunies dans les économies industrialisées, mais font défaut dans de nombreux territoires colonisés ou récemment indépendants. La hiérarchie des droits de vote au sein du FMI et de la Banque mondiale reflète cette asymétrie structurelle : les pays riches disposent d'une influence prépondérante sur les décisions stratégiques et les orientations économiques, tandis que les États périphériques, dont les économies sont vulnérables, restent en position subalterne. Cette architecture codifie donc une relation inégale entre centre et périphérie, qui conditionnera fortement l'expérience africaine du système Bretton Woods dans les décennies suivantes.

La priorité accordée à la stabilité du dollar américain, considéré comme pivot du système et convertible en or, accentue encore l'orientation favorable aux économies industrialisées. Cette conception permet de sécuriser les échanges et de relancer la confiance des marchés financiers internationaux, mais elle ne prend pas en compte les besoins spécifiques des pays en développement, dont les économies sont souvent mono-structurelles et vulnérables aux fluctuations externes. Les instruments financiers et les programmes de soutien sont donc calibrés pour des contextes européens et nord-américains, laissant en marge les défis propres aux économies du Sud, notamment l'industrialisation, la diversification productive et la construction d'institutions publiques robustes.

En conséquence, si l'architecture de Bretton Woods remplit efficacement son rôle pour la reconstruction européenne et la stabilisation des économies industrialisées, elle pose un cadre qui marginalise les pays du Sud. Cette orientation crée les conditions d'un déséquilibre structurel dans les relations internationales, où la participation et les priorités des économies périphériques sont reléguées au second plan. Cette réalité explique en grande partie les tensions et les dépendances qui caractériseront les rapports ultérieurs entre l'Afrique et les institutions de Bretton Woods, et éclaire les racines historiques des critiques contemporaines du système.

4.5 Conclusion du chapitre 4 : fondations et limites d'un ordre mondial

La Conférence de Bretton Woods constitue un moment fondateur de l'histoire économique contemporaine, en jetant les bases d'un ordre multilatéral structuré autour de la stabilité monétaire, de la reconstruction et de la coopération internationale. La création du Fonds monétaire international et de la Banque mondiale répond à une double nécessité : prévenir la répétition des crises financières et économiques observées entre les deux guerres, et canaliser les capitaux vers les pays dévastés par le conflit mondial. Cet effort inédit de coordination et de régulation internationale a permis de consolider la confiance des marchés, de relancer le commerce et de poser les fondations d'une croissance globale orientée par des institutions structurantes.

Pourtant, cet ordre mondial naissant porte dès sa conception des limites structurelles importantes. Il est pensé avant tout pour les économies industrialisées, en supposant l'existence d'États stables, de marchés développés et d'institutions administratives solides. Les pays africains, alors largement sous domination coloniale, sont absents de ces négociations et leurs réalités économiques et sociales sont insuffisamment prises en compte. Cette marginalisation initiale crée une asymétrie durable, où les besoins et les priorités des pays du Sud sont subordonnés aux modèles et aux intérêts des puissances du Nord. Les conséquences de cette conception inégale se feront sentir dès l'indépendance, lorsque les jeunes États africains chercheront à s'intégrer dans un système dont ils ne sont pas les architectes.

L'entrée progressive des pays africains dans le système de Bretton Woods révèle à la fois les espoirs et les contraintes associés à cette architecture internationale. D'un côté, les institutions offrent des financements, des expertises techniques et une reconnaissance légitime sur la scène mondiale. De l'autre, elles imposent un cadre normatif et des conditions financières rigides, souvent éloignées des priorités locales et de la réalité institutionnelle africaine. Cette rencontre entre promesses universelles et contraintes spécifiques engendre des tensions, des frustrations et parfois des désillusions, préparant le terrain des futures crises de la dette et des programmes d'ajustement.

En définitive, si Bretton Woods a constitué un outil puissant pour stabiliser et reconstruire l'économie mondiale de l'après-guerre, son architecture originelle révèle déjà les déséquilibres et les asymétries qui marqueront les relations avec le Sud. La capacité des pays africains à négocier, adapter et parfois contester ce cadre sera déterminante pour comprendre la dynamique de leur insertion dans l'économie mondiale. Le chapitre suivant s'attache ainsi à retracer l'entrée de l'Afrique dans cet ordre économique et les premières frictions qui en découlent, jetant les bases des relations complexes entre indépendance politique et dépendance économique.

5. L'entrée des pays africains dans le système Bretton Woods

À mesure que le système de Bretton Woods se consolide dans l'immédiat après-guerre, un autre bouleversement majeur traverse le continent africain : la décolonisation. Entre les années 1950 et 1960, des dizaines de pays accèdent à l'indépendance politique après plusieurs décennies, voire siècles, de domination coloniale. Cette émancipation formelle s'accompagne toutefois d'un défi immense : comment bâtir des États viables et des économies autonomes dans un ordre économique international conçu sans eux, selon des règles qu'ils n'ont ni définies ni négociées ? Les nouvelles nations se trouvent ainsi confrontées à une double contrainte : affirmer leur souveraineté tout en intégrant un système mondial dont elles sont, en partie, exclues des décisions.

Ce chapitre analyse l'entrée progressive des pays africains dans le système de Bretton Woods, en mettant en lumière les premières interactions avec le Fonds monétaire international et la Banque mondiale. Il s'attache à montrer comment ces relations, à la fois porteuses d'opportunités et génératrices de dépendances, façonnent les trajectoires économiques et politiques des États africains. Les espoirs de financement, de conseil technique et de soutien à l'industrialisation coexistent avec les asymétries structurelles et les obligations imposées par les institutions internationales. Le Ghana, premier pays d'Afrique subsaharienne à accéder à l'indépendance en 1957, sert de fil conducteur pour illustrer ces dynamiques fondatrices, révélant les tensions entre autonomie nationale et intégration dans l'économie mondiale.

5.1 Décolonisation et quête de financement

La décolonisation africaine s'inscrit dans un contexte mondial complexe, marqué par la reconstruction économique de l'Europe et la polarisation du monde entre blocs idéologiques rivaux. Les nouveaux États, souvent artificiels dans leurs frontières, héritent d'économies extraverties centrées sur l'exportation de matières premières, avec très peu d'industries locales et des infrastructures insuffisantes pour soutenir une croissance autonome. Les administrations, fraîchement constituées, doivent gérer simultanément des attentes sociales considérables — accès à l'éducation, à la santé, à l'emploi et au logement — tout en composant avec des capacités fiscales limitées. Cette asymétrie entre besoins et ressources crée une pression immédiate sur les décideurs politiques pour trouver des financements et consolider la légitimité économique et internationale des nouveaux États.

Dans ce contexte, la quête de financement externe devient un impératif stratégique. Les États africains découvrent rapidement que leurs marges de manœuvre internes sont insuffisantes pour financer des projets d'infrastructures et des programmes sociaux ambitieux. L'adhésion aux institutions de Bretton Woods, comme le FMI et la Banque mondiale, est perçue non seulement comme un moyen d'accéder aux capitaux internationaux, mais aussi comme un gage de crédibilité aux yeux des partenaires financiers et diplomatiques. Cette relation crée un double effet : elle ouvre des perspectives de développement rapide tout en introduisant de nouvelles contraintes, car l'accès aux fonds est souvent conditionné à la mise en œuvre de politiques économiques conformes aux standards internationaux.

Le cas du Ghana, sous la présidence de Kwame Nkrumah, illustre parfaitement cette dynamique. Le pays cherche à rompre avec la dépendance historique au cacao et à engager une industrialisation rapide, soutenue par des projets ambitieux comme le barrage d'Akosombo. La nécessité de financer ces initiatives dépasse largement les capacités internes et rend inévitable le recours à des financements extérieurs, établissant ainsi un lien étroit avec les institutions internationales. Cette relation précoce définit un modèle pour de nombreux autres pays africains, où l'indépendance politique s'accompagne paradoxalement d'une dépendance économique vis-à-vis de bailleurs de fonds internationaux, dessinant les contours d'un développement sous influence externe.

Ainsi, la décolonisation économique ne se limite pas à la rupture avec l'administration coloniale : elle implique une insertion immédiate et souvent contrainte dans un système financier mondial dominé par des acteurs institutionnels internationaux, posant les fondations d'une dynamique où la souveraineté politique se confronte aux nécessités économiques et aux pressions extérieures. Cette tension structurelle entre ambitions nationales et contraintes financières extérieures deviendra un fil rouge de l'expérience postcoloniale africaine.

5.2 Premiers rapports Afrique – institutions financières internationales

Les premières interactions entre les pays africains et les institutions de Bretton Woods traduisent une ambivalence structurelle. D'un côté, le FMI et la Banque mondiale offrent un accès inédit à des ressources financières, à des analyses économiques détaillées et à une expertise technique souvent absente dans les administrations nationales récemment créées. Pour de jeunes États confrontés à des cadres limités et à des administrations fragiles, cet accompagnement représente un avantage considérable. Il permet la planification de projets d'infrastructures, la mobilisation de capitaux et l'insertion dans le système financier international, donnant l'impression d'un outil puissant pour soutenir la croissance et la modernisation.

Cependant, cette relation s'accompagne rapidement de déséquilibres et de tensions. Les programmes proposés s'inspirent majoritairement des modèles des économies industrialisées, mettant l'accent sur la discipline budgétaire, la stabilité macroéconomique et l'intégration aux marchés mondiaux. Cette orientation conduit à négliger les spécificités historiques, sociales et institutionnelles des pays africains, tels que la faiblesse des infrastructures locales, la diversité des structures sociales ou l'importance des économies rurales informelles. L'adaptation de ces prescriptions à des contextes profondément différents engendre souvent des tensions entre recommandations techniques et besoins réels des populations.

Le rapport de force asymétrique renforce ces déséquilibres. Les pays africains disposent d'un pouvoir limité dans les instances de gouvernance du FMI et de la Banque mondiale, où les décisions sont dominées par les pays industrialisés. Les prêts et les financements sont assortis de conditionnalités — stabilisation monétaire, réduction des déficits budgétaires, libéralisation commerciale — qui, sous couvert de neutralité technique, imposent des choix politiques et économiques extérieurs. Cette situation réduit considérablement l'autonomie des États africains, transformant les instruments de financement en leviers de contrôle indirect et en contraintes sur les politiques nationales.

Ainsi, les premiers rapports entre Afrique et institutions financières internationales posent les bases d'une dynamique durable : d'un côté, un accès aux ressources et à l'expertise indispensable pour les jeunes États ; de l'autre, une dépendance implicite et une subordination aux normes, aux modèles et aux orientations définies par des acteurs externes. Cette tension initiale annonce les défis futurs liés à la souveraineté économique et au développement autonome, qui traverseront l'histoire postcoloniale africaine.

5.3 Espoirs, dépendances et premières asymétries

L'intégration des jeunes États africains dans le système de Bretton Woods suscite un véritable élan d'optimisme. Les gouvernements y voient une chance de financer des infrastructures essentielles — routes, barrages, ports et réseaux électriques — indispensables à l'industrialisation et à la modernisation de leurs économies. L'accès aux prêts internationaux et aux marchés financiers mondiaux est perçu comme un moyen de diversifier les économies longtemps cantonnées à l'exportation de matières premières, tout en s'affranchissant progressivement de la dépendance politique et économique vis-à-vis des anciennes puissances coloniales. Par ailleurs, l'adhésion au FMI et à la Banque mondiale confère une légitimité institutionnelle et internationale, renforçant la reconnaissance diplomatique et la crédibilité sur la scène mondiale.

Pourtant, ces espoirs s'accompagnent rapidement de dynamiques de dépendance multiples. Sur le plan financier, les prêts et crédits extérieurs deviennent indispensables pour combler les déficits budgétaires, financer des projets prioritaires et stabiliser la balance des paiements. Sur le plan technique et intellectuel, les politiques économiques nationales sont de plus en plus façonnées par les recommandations des institutions internationales et par les conditionnalités associées aux financements. Cette double contrainte réduit la liberté de décision des États et limite leur capacité à élaborer des stratégies endogènes adaptées aux réalités locales et aux besoins immédiats des populations.

Les premières asymétries de pouvoir se manifestent alors de manière tangible. Alors que les États africains cherchent à consolider leur souveraineté et à définir leurs priorités nationales, ils doivent composer avec des règles du jeu largement établies par les créanciers et les institutions internationales. Ces asymétries se traduisent par un espace de négociation étroit, où le choix réel des politiques économiques est encadré par des impératifs externes, souvent en décalage avec les ambitions de développement locales.

Le cas du Ghana illustre parfaitement cette ambivalence. Sous l'impulsion de Kwame Nkrumah, le pays ambitionne une industrialisation rapide et une diversification économique audacieuse. Cependant, ses projets se heurtent aux contraintes financières, aux conditionnalités imposées par le FMI et la Banque mondiale, ainsi qu'aux prescriptions idéologiques inspirées de modèles étrangers. Cette tension entre souveraineté nationale et orthodoxie économique internationale préfigure les défis structurels que rencontreront de nombreux États africains dans les décennies suivantes, posant la question de l'équilibre entre autonomie politique et intégration économique mondiale.

5.4 Conclusion du chapitre 5 : espoirs et tensions dans le nouvel ordre mondial

L'intégration des pays africains au système de Bretton Woods représente un moment fondateur dans l'histoire économique du continent. Elle symbolise à la fois l'ouverture sur le monde et l'accès à des ressources financières et techniques indispensables pour des États jeunes, souvent dépourvus d'infrastructures solides et de capacités administratives suffisantes. Ces institutions offrent un cadre de coopération internationale et une légitimité diplomatique qui renforcent le poids des États africains sur la scène mondiale. Néanmoins, cette insertion dans l'économie globale ne se fait pas sans coûts : elle introduit des asymétries structurelles et des dépendances durables qui limitent la liberté de choix et conditionnent la capacité des gouvernements à définir leurs trajectoires de développement.

Ces tensions se révèlent dès les premières années de coopération. Si les prêts et l'expertise technique permettent de financer des projets ambitieux — barrages, routes, infrastructures industrielles — ils imposent également des conditionnalités et orientent les politiques économiques selon des logiques souvent étrangères aux besoins locaux. La promesse de modernisation et de croissance autonome se heurte ainsi à la réalité d'un contrôle indirect exercé par des institutions internationales qui détiennent un pouvoir disproportionné dans la définition des priorités nationales. Cette dualité crée une dynamique ambiguë : les États africains gagnent en visibilité et en moyens, mais voient leur autonomie de décision restreinte, ouvrant la voie à des dépendances à long terme.

À partir des années 1980, ces tensions latentes se cristallisent sous l'effet des crises de la dette et des changements idéologiques mondiaux. L'ordre économique mondial évolue, les institutions internationales adoptent une discipline budgétaire plus stricte et les politiques d'ajustement structurel s'imposent comme nouvelles prescriptions universelles. Le rôle de l'État se redéfinit, passant d'un acteur central du développement à un agent encadré par des contraintes externes, renforçant l'asymétrie de pouvoir et aggravant certaines fragilités sociales et économiques.

Ainsi, ce premier chapitre historique met en lumière l'ambivalence des relations Afrique–Bretton Woods : un potentiel de transformation considérable coexiste avec des risques structurels et des dépendances durables. Comprendre cette dualité est essentiel pour appréhender les mécanismes qui conduiront, dans les décennies suivantes, aux crises de la dette, aux ajustements économiques imposés et aux débats contemporains sur la souveraineté, le développement endogène et l'autonomie décisionnelle des États africains. Le chapitre suivant analysera précisément ce tournant décisif et ses conséquences sur les économies et sociétés africaines.

6. Du développement à l'ajustement : le tournant idéologique

Les premières décennies de relations entre l'Afrique et les institutions de Bretton Woods sont marquées par un optimisme prudent. Les financements internationaux, l'expertise technique et les projets d'infrastructures nourrissent l'espoir d'un rattrapage économique progressif, où les États africains pourraient consolider leurs capacités productives et renforcer leur souveraineté économique. Pourtant, à la fin des années 1970, ce modèle montre ses limites. Les fragilités structurelles des économies africaines, exacerbées par les chocs pétroliers, la fluctuation des prix des matières premières et la dette croissante, révèlent l'insuffisance d'approches centrées sur le développement sans transformation institutionnelle et sociale profonde.

À partir des années 1980, un tournant idéologique s'opère : l'objectif de développement, entendu comme transformation structurelle et industrialisation, cède progressivement la place à une logique d'ajustement et de stabilisation. L'accent est désormais mis sur la discipline budgétaire, la maîtrise de l'inflation et la réduction des déficits, au détriment des ambitions de croissance endogène et d'investissement social. Ce chapitre analyse ce basculement à travers trois dynamiques centrales : les crises de la dette, l'ascension du consensus de Washington et la mise en œuvre des Programmes d'Ajustement Structurel (PAS). Il met en lumière la manière dont ces évolutions ont redéfini les rapports de pouvoir entre États africains et institutions financières internationales, révélant les tensions entre impératifs macroéconomiques et besoins sociaux.

6.1 Les crises de la dette des années 1980

À la fin des années 1970, les économies africaines présentent une fragilité structurelle manifeste. Leur croissance repose massivement sur l'exportation de quelques produits primaires — cacao, café, pétrole, minerais — dont les cours sont soumis à des fluctuations imprévisibles sur les marchés internationaux. Cette dépendance rend les États vulnérables aux chocs externes et limite leur capacité à planifier des politiques économiques stables. Les déséquilibres commerciaux se cumulent souvent à des infrastructures insuffisantes, à des administrations encore en construction et à une faible capacité fiscale, créant un terrain propice aux crises financières.

La convergence de plusieurs facteurs aggrave cette situation et déclenche la crise de la dette des années 1980. Les chocs pétroliers de 1973 et 1979 augmentent fortement le coût des importations énergétiques, tandis que la hausse des taux d'intérêt internationaux au début des années 1980, notamment sous l'effet des politiques monétaires restrictives menées aux États-Unis, accroît le service de la dette. À ces pressions externes s'ajoutent des déficits budgétaires chroniques et des déséquilibres persistants des balances des paiements, qui deviennent rapidement insoutenables. Cette combinaison de facteurs expose les vulnérabilités structurelles et révèle l'absence de mécanismes internes capables de stabiliser les économies africaines face à des chocs internationaux.

Le Ghana illustre de manière paradigmatique cette dynamique. Après une période d'ambition industrielle et de dépenses publiques élevées, le pays voit ses recettes d'exportation chuter brutalement tandis que sa dette extérieure explose. Les prêts contractés pour financer l'industrialisation et les infrastructures se transforment en fardeau financier. Les gouvernements se trouvent confrontés à un dilemme cruel : honorer les obligations vis-à-vis des créanciers internationaux ou préserver les dépenses sociales et les investissements nationaux essentiels. Ce choix révèle les limites d'un modèle de financement fondé sur la dépendance extérieure et sur la croissance par endettement.

Cette crise marque un tournant historique. Elle expose non seulement la fragilité des économies africaines face aux marchés mondiaux, mais aussi les insuffisances des institutions et mécanismes de développement mis en place depuis l'indépendance. Elle ouvre la voie à l'intervention accrue des institutions internationales, notamment le FMI et la Banque mondiale, et prépare le terrain pour les politiques d'ajustement structurel des années suivantes. Comprendre ces crises est crucial pour analyser les tensions entre souveraineté nationale, dépendance externe et contraintes imposées par le système financier mondial.

6.2 Le triomphe du consensus de Washington

Face à la crise de la dette et à l'incapacité de nombreux États africains à honorer leurs engagements, le consensus de Washington s'impose progressivement comme l'orthodoxie économique dominante à la fin des années 1980. Conçu par le FMI, la Banque mondiale et le Département du Trésor américain, ce cadre théorique propose une lecture uniforme des causes des déséquilibres économiques, qu'il attribue avant tout à l'intervention excessive de l'État et aux distorsions de marché. Pour les pays africains, cette approche devient rapidement incontournable, conditionnant l'accès aux prêts, aux financements internationaux et à l'assistance technique, tout en délimitant strictement les marges de manœuvre nationales.

Les prescriptions du consensus de Washington sont claires et structurées : discipline budgétaire, réduction des déficits publics, libéralisation des échanges, déréglementation des marchés et privatisation des entreprises publiques. Ces mesures visent à créer un environnement favorable aux investissements internationaux et à rétablir l'équilibre macroéconomique, mais elles imposent également un modèle unique de développement, peu sensible aux particularités locales. Les trajectoires historiques, les structures institutionnelles et les besoins sociaux des pays africains sont largement marginalisés, renforçant un déséquilibre entre objectifs macroéconomiques globaux et réalités concrètes sur le terrain.

Ce tournant idéologique représente un renversement radical du rôle de l'État dans le développement. Là où l'État indépendant était historiquement considéré comme l'acteur central de la planification, de l'investissement stratégique et de la protection des secteurs économiques clés, il est désormais perçu comme un frein à l'efficacité économique. Le marché devient le principal moteur de la croissance, et la compétitivité internationale la finalité ultime des politiques publiques, reléguant au second plan la justice sociale, la souveraineté économique et le développement endogène.

Pour les économies africaines, ce redéploiement du rôle de l'État a des conséquences profondes et durables. Les secteurs stratégiques, notamment l'agriculture vivrière et les industries naissantes, sont exposés à la concurrence internationale sans filet de protection, tandis que les politiques publiques se concentrent sur le respect de contraintes macroéconomiques dictées de l'extérieur. Le consensus de Washington instaure ainsi une nouvelle architecture économique, qui, tout en prétendant favoriser l'efficacité et la stabilité, contribue à accentuer la dépendance et à réduire la capacité des États africains à définir leurs priorités de manière autonome.

6.3 La naissance des Programmes d'Ajustement Structurel (PAS)

Les Programmes d'Ajustement Structurel (PAS) incarnent la mise en œuvre concrète du consensus de Washington dans les pays africains. Introduits au début des années 1980, ils conditionnent l'accès aux financements du FMI et de la Banque mondiale, transformant les prêts et l'assistance technique en leviers de réforme économique. Ces programmes visent officiellement à restaurer la stabilité macroéconomique, réduire les déficits budgétaires et rétablir la confiance des investisseurs internationaux, tout en orientant les économies africaines vers une intégration plus forte aux marchés mondiaux. Ils apparaissent alors comme une solution pragmatique face aux crises de la dette et aux déséquilibres financiers persistants.

Les mesures prescrites par les PAS sont radicales et multidimensionnelles. Elles incluent une réduction drastique des dépenses publiques, affectant directement la santé, l'éducation et les subventions alimentaires, souvent vitales pour les populations les plus vulnérables. La libéralisation des échanges et la suppression des barrières douanières exposent les industries locales à une concurrence internationale parfois insurmontable. La privatisation des entreprises publiques et la flexibilisation du marché du travail sont également au cœur des réformes, visant à stimuler l'efficacité économique mais fragilisant simultanément les protections sociales et l'emploi. L'ensemble de ces mesures traduit une logique où la discipline macroéconomique prime sur le développement humain et les politiques sociales.

Si certains pays observent une stabilisation temporaire de leurs indicateurs macroéconomiques — déficit budgétaire réduit, inflation maîtrisée ou reprise des flux de capitaux — les conséquences sociales apparaissent rapidement problématiques. La contraction des services publics, la hausse du chômage et l'augmentation du coût de la vie créent des tensions sociales et politiques. Les populations ressentent concrètement l'impact de ces réformes, alimentant des mouvements de contestation et un sentiment de marginalisation, tandis que la dépendance aux financements internationaux s'accentue. Les États africains perdent progressivement la capacité de définir leurs priorités économiques, révélant l'ambivalence entre efficacité macroéconomique et souveraineté nationale.

Les PAS inaugurent ainsi une nouvelle phase dans la relation entre l'Afrique et les institutions internationales : elles incarnent la technocratie financière imposée de l'extérieur, où les programmes de stabilisation économique deviennent des instruments de gouvernance indirecte. Ce processus transforme non seulement les structures économiques, mais aussi le tissu social et politique, en accentuant la vulnérabilité des populations et en modifiant durablement le rôle de l'État dans la gestion du développement national.

6.4 Conclusion du chapitre 6 : le tournant idéologique et ses dilemmes

Le passage d'un modèle de développement centré sur l'État à une logique d'ajustement constitue un tournant idéologique majeur pour l'Afrique. À travers le consensus de Washington et les Programmes d'Ajustement Structurel, les institutions de Bretton Woods ne se contentent plus d'apporter un soutien financier ou technique : elles imposent un cadre normatif global, définissant ce que doit être une économie « saine » et comment les États doivent gérer leurs finances. Cette approche repose sur la primauté du marché, la discipline budgétaire et la libéralisation des échanges, reléguant la planification étatique et la protection sociale au second plan. La rupture est donc à la fois économique, institutionnelle et politique, redéfinissant les marges de manœuvre des gouvernements africains.

Cette transformation soulève des dilemmes majeurs. Les PAS visent la stabilisation macroéconomique et l'attractivité pour les investisseurs internationaux, mais leurs effets sociaux sont souvent négatifs : réduction des services publics, précarisation de l'emploi, augmentation des coûts pour les populations. L'efficacité économique et la stabilité financière entrent en tension avec la justice sociale et la protection des citoyens. De plus, la souveraineté des États africains se trouve fragilisée, leurs politiques nationales étant orientées par des conditionnalités externes, ce qui limite la capacité de répondre aux besoins réels des populations et de développer des stratégies adaptées aux contextes locaux.

Ce tournant idéologique a aussi un impact profond sur la perception des institutions internationales. La technocratie financière devient un vecteur de gouvernance indirecte, où la dépendance économique se double d'une dépendance intellectuelle et normative. Les gouvernements africains se retrouvent confrontés à un choix difficile : suivre les recommandations des bailleurs pour garantir le financement et la crédibilité internationale, ou défendre une vision de développement endogène parfois incompatible avec les exigences extérieures.

Pour saisir l'ensemble de ces enjeux, il devient indispensable d'analyser les fondements théoriques des PAS et du consensus de Washington. Le chapitre suivant se penchera sur les hypothèses économiques qui sous-tendent ces politiques, la redéfinition du rôle de l'État et la conception du marché comme moteur unique du développement, afin de comprendre comment ces orientations idéologiques ont façonné durablement les trajectoires africaines.

7. Les fondements théoriques des PAS

Les Programmes d'Ajustement Structurel (PAS), mis en œuvre à grande échelle en Afrique à partir des années 1980, ne constituent pas de simples instruments techniques destinés à corriger des déséquilibres conjoncturels. Ils s'inscrivent dans une vision théorique cohérente du développement, largement inspirée des courants néolibéraux qui dominent alors la pensée économique internationale. Cette doctrine repose sur une remise en cause profonde du rôle de l'État et sur une foi renouvelée dans les vertus autorégulatrices du marché, considérées comme les leviers principaux de croissance, d'efficacité et de compétitivité à l'échelle nationale et globale. L'approche théorique privilégie ainsi la logique des incitations économiques et la réduction de l'intervention publique dans les mécanismes de production et de redistribution.

Comprendre les fondements théoriques des PAS est indispensable pour analyser la logique qui les sous-tend, mais aussi pour saisir les raisons de leurs effets contrastés sur les économies africaines. Les principes de libéralisation des échanges, de privatisation des entreprises publiques et de discipline budgétaire sont au cœur de cette approche, chacun étant présenté comme un instrument visant à restaurer la stabilité et à stimuler l'investissement. Ce chapitre examine successivement ces éléments, tout en interrogeant l'hypothèse centrale qui traverse l'ensemble de ces politiques : le marché comme moteur principal du développement, et les conséquences pratiques de cette foi théorique sur les sociétés africaines.

7.1 La libéralisation économique comme principe cardinal

Au cœur de la doctrine des Programmes d'Ajustement Structurel se trouve la conviction que l'ouverture des économies africaines est une condition sine qua non de la croissance et de l'efficacité économique. La libéralisation est présentée comme un instrument destiné à corriger les distorsions héritées des politiques protectionnistes et interventionnistes mises en place après les indépendances. Selon cette logique, le développement durable passe par l'intégration des économies africaines aux marchés internationaux, permettant un transfert de capitaux, de technologies et de savoir-faire censé moderniser les secteurs productifs et renforcer la compétitivité globale.

Concrètement, cette libéralisation se traduit par la réduction progressive des barrières douanières, la simplification des procédures d'exportation et d'importation, et l'accès facilité aux marchés internationaux. Elle inclut également la déréglementation des marchés financiers et la promotion des investissements directs étrangers, supposés stimuler l'innovation, la création d'emplois et la diversification économique. Les États africains sont ainsi incités à aligner leurs politiques économiques sur les standards internationaux, souvent sous la supervision et les conditionnalités des institutions de Bretton Woods, réduisant leur autonomie dans la définition de priorités nationales.

L'hypothèse centrale repose sur l'idée que la concurrence internationale stimule la productivité et incite les économies à se spécialiser selon leurs avantages comparatifs. Dans cette perspective, la libéralisation est censée conduire à une allocation optimale des ressources et à une croissance plus soutenue. Toutefois, cette vision suppose que les économies disposent déjà d'infrastructures, de capacités productives et d'une diversification suffisante pour affronter la concurrence mondiale. Dans la réalité africaine, de nombreux pays demeurent dépendants de quelques produits primaires, ce qui expose leurs économies aux chocs externes et fragilise les populations locales face aux fluctuations des marchés mondiaux.

Enfin, cette libéralisation, présentée comme un passage obligé vers la modernisation économique, entraîne des tensions entre les objectifs de compétitivité internationale et les besoins sociaux immédiats. La suppression des protections sectorielles et des subventions peut accroître la vulnérabilité des agriculteurs, des industries naissantes et des consommateurs, révélant ainsi le coût humain souvent négligé de l'ouverture économique. Cette contradiction entre croissance supposée et risques concrets constitue l'un des paradoxes majeurs de la libéralisation imposée par les PAS.

7.2 La privatisation et le désengagement de l'État

La privatisation constitue l'un des piliers centraux des Programmes d'Ajustement Structurel et s'inscrit dans une critique systématique de l'intervention économique de l'État. Selon les prescriptions des institutions internationales, l'État africain est perçu comme inefficace, bureaucratique et incapable de gérer de manière optimale les ressources publiques. Les entreprises publiques, souvent considérées comme des sources chroniques de déficits et des obstacles à la compétitivité, deviennent le principal objectif de ces réformes. Cette approche repose sur l'idée que le marché, guidé par la concurrence et l'initiative privée, est mieux à même d'allouer les ressources et d'assurer la pérennité des activités économiques.

Le transfert des entreprises publiques au secteur privé est justifié par la promesse d'une meilleure performance économique. Les PAS soutiennent que la privatisation stimule l'innovation, favorise l'investissement et améliore l'efficacité des services, tout en allégeant la charge financière pesant sur l'État. L'argument repose sur la logique de rationalisation : un secteur privé concurrentiel serait plus apte à répondre aux besoins du marché, à réduire les gaspillages et à générer des bénéfices susceptibles d'être réinvestis dans l'économie. Dans ce cadre, le désengagement étatique est présenté comme un moyen de renforcer la discipline budgétaire et d'encourager le développement du capitalisme local.

Dans la pratique, cependant, la privatisation révèle des effets ambivalents et souvent contradictoires. Dans de nombreux pays africains, les entreprises cédées opèrent dans des contextes institutionnels fragiles, avec des marchés insuffisamment concurrentiels, ce qui limite les gains attendus en termes de productivité. Les processus de cession sont parfois opaques, favorisant la concentration de capitaux et la montée d'oligopoles. Parallèlement, les conséquences sociales peuvent être sévères : pertes d'emplois massives, hausse des tarifs des services essentiels et exclusion des populations les plus vulnérables, notamment dans les secteurs stratégiques comme l'eau, l'électricité ou les transports urbains.

Cette tension révèle un dilemme majeur : la privatisation, promue comme vecteur d'efficacité économique et de modernisation, se heurte aux réalités sociales et institutionnelles locales. Elle illustre le paradoxe des PAS, qui visent à rendre les économies africaines compétitives tout en générant parfois des coûts humains et sociaux considérables. L'évaluation de ces réformes exige donc d'intégrer à la fois les dimensions économiques et les impacts sociaux, afin de comprendre les limites d'une approche centrée sur le marché et le désengagement de l'État.

7.3 La discipline budgétaire et la stabilité macroéconomique

La discipline budgétaire constitue l'un des piliers centraux des Programmes d'Ajustement Structurel, présentée comme une condition sine qua non de la stabilité macroéconomique et de la crédibilité internationale des États africains. Dans la logique des institutions financières internationales, l'accumulation des déficits publics et la mauvaise gestion des finances publiques sont les causes principales des crises économiques. L'objectif affiché est de rétablir la confiance des créanciers, de stabiliser la monnaie et de permettre un accès plus facile aux financements extérieurs. Dans ce cadre, l'équilibre budgétaire devient non seulement une exigence technique, mais aussi un indicateur symbolique de discipline et de bonne gouvernance économique.

Pour atteindre cette stabilité, les PAS recommandent un ensemble de mesures strictes : réduction des subventions aux biens de première nécessité, compression des dépenses publiques jugées « non prioritaires », rationalisation des effectifs de la fonction publique et réformes fiscales visant à élargir l'assiette de l'impôt et améliorer la collecte. La gestion de la dette publique est également restructurée, avec une attention particulière portée au service de la dette extérieure. Ces mesures sont conçues pour corriger les déséquilibres internes et aligner les finances publiques sur les standards internationaux, renforçant l'attractivité des économies africaines pour les investisseurs étrangers.

Cependant, la mise en œuvre de ces prescriptions révèle rapidement des effets sociaux et politiques complexes. La réduction des dépenses publiques touche directement la santé, l'éducation, les infrastructures et les programmes sociaux, limitant la capacité des États à répondre aux besoins fondamentaux des populations. Dans de nombreux pays africains, ces arbitrages budgétaires génèrent des tensions sociales croissantes, accentuant la contestation et la défiance à l'égard des autorités nationales et des institutions internationales.

En définitive, la discipline budgétaire illustre le paradoxe des PAS : elle permet parfois de stabiliser certains indicateurs macroéconomiques tout en exacerbant les vulnérabilités sociales et politiques. L'efficacité de cette approche dépend largement de la capacité des États à concilier exigence de rigueur économique et maintien d'un filet de protection sociale, équilibre rarement atteint dans les contextes africains des années 1980 et 1990. La tension entre stabilité macroéconomique et justice sociale demeure ainsi au cœur des débats sur l'impact réel des PAS.

7.4 Hypothèse centrale : le marché comme moteur du développement

L'ensemble des réformes promues par les Programmes d'Ajustement Structurel repose sur une hypothèse fondamentale : le marché constitue le moteur principal du développement économique. Dans cette vision, la croissance résulte de la concurrence, de la liberté des prix et de l'allocation optimale des ressources, tandis que les déséquilibres sont interprétés comme des distorsions de marché à corriger. La logique sous-jacente est que l'ouverture à la concurrence internationale stimule l'innovation, attire les investissements étrangers et oriente les économies vers leurs avantages comparatifs, générant ainsi un cercle vertueux de croissance.

Dans ce cadre, le rôle de l'État est fortement limité et recentré sur quelques fonctions considérées comme « essentielles » : garantir la stabilité macroéconomique, assurer le respect des droits de propriété et créer un cadre légal et institutionnel favorable aux marchés. Toute intervention directe dans la production, la distribution des ressources ou le soutien à des secteurs stratégiques est perçue comme une distorsion nuisible. L'État devient un simple régulateur et non un acteur actif du développement, transférant aux forces du marché la responsabilité de générer croissance et prospérité, tout en supposant que cette dynamique se répercutera naturellement sur le bien-être social.

Cette hypothèse rencontre toutefois des limites importantes dans le contexte africain. Les marchés fonctionnent rarement de manière optimale en l'absence d'institutions solides, de chaînes de valeur diversifiées et d'infrastructures adaptées. L'intégration dans l'économie mondiale, sans protection des secteurs locaux ni renforcement des capacités nationales, expose les économies africaines à la volatilité des prix et à la concurrence déséquilibrée. La compétitivité internationale, bien qu'objectivement souhaitable, ne garantit pas automatiquement un développement social inclusif et peut accentuer les inégalités existantes.

En conclusion, l'hypothèse du marché comme moteur unique du développement révèle les tensions fondamentales des PAS : elle offre une grille analytique claire pour les institutions internationales, mais elle reste incomplète dans la réalité africaine, où les dimensions historiques, sociales et politiques du développement sont essentielles. Les expériences de la décennie 1980-1990 montrent que la croissance économique ne peut se substituer à la construction d'un État capable de soutenir le progrès social et de protéger les populations vulnérables.

7.5 Conclusion du chapitre 7 : fondements théoriques et limites des PAS

Les Programmes d'Ajustement Structurel représentent l'incarnation d'une vision théorique précise et cohérente du développement économique, centrée sur la primauté du marché et la réduction du rôle de l'État. En promouvant la libéralisation des échanges, la privatisation des entreprises publiques et la discipline budgétaire, cette approche entend corriger les déséquilibres macroéconomiques et stimuler la croissance à travers l'intégration dans l'économie mondiale. Les PAS ont ainsi profondément redéfini le rôle de l'État, le recentrant sur la régulation et la stabilité, tout en plaçant la compétitivité et la rentabilité au cœur des politiques économiques.

Toutefois, l'application de ce modèle révèle rapidement ses limites lorsqu'il est confronté aux réalités africaines. La dépendance persistante aux financements extérieurs, la vulnérabilité aux chocs externes et la faible diversification productive limitent l'efficacité des prescriptions macroéconomiques. Par ailleurs, les coûts sociaux de l'ajustement — hausse du chômage, réduction des services publics et accentuation des inégalités — remettent en question la capacité des PAS à générer un développement inclusif. Le cadre théorique, bien que cohérent sur le papier, se heurte à la complexité des contextes nationaux et à la diversité des situations économiques et sociales.

Cette tension entre la théorie et la réalité se manifeste également dans le décalage entre les indicateurs macroéconomiques et le vécu concret des populations. Alors que les rapports institutionnels mettent en avant des stabilisations apparentes de la balance des paiements ou des taux d'inflation, les citoyens subissent souvent des pertes tangibles en termes d'accès aux services essentiels et de qualité de vie. Ce constat souligne la nécessité d'une approche plus nuancée, capable d'intégrer les dimensions sociales, institutionnelles et politiques du développement, au-delà des seules performances économiques.

En conclusion, si les PAS ont fourni un cadre analytique structuré et cohérent pour les institutions internationales, leur application en Afrique a révélé les risques d'un modèle uniforme et décontextualisé. L'expérience des années 1980-1990 illustre que la croissance économique, lorsqu'elle est dissociée de la justice sociale et de la construction d'institutions solides, ne suffit pas à garantir un développement durable et inclusif. Le chapitre suivant se propose d'évaluer ces résultats empiriques et de mesurer le fossé entre les objectifs affichés et le vécu réel des populations africaines.

8. Stabilisation macroéconomique : succès partiel, promesse tenue ?

Les Programmes d'Ajustement Structurel (PAS) ont été présentés par les institutions de Bretton Woods comme une réponse nécessaire et urgente aux déséquilibres macroéconomiques qui affectaient de nombreux pays africains à partir des années 1980. Inflation élevée, déficits budgétaires chroniques, déséquilibres de la balance des paiements et perte de crédibilité financière constituaient, selon cette lecture, des obstacles majeurs au développement. La promesse centrale des PAS était donc claire : restaurer la stabilité macroéconomique afin de créer un environnement propice à la croissance, à l'investissement et à la réduction de la pauvreté. Dans ce cadre, la rigueur budgétaire, la maîtrise monétaire et la discipline fiscale étaient présentées comme les conditions indispensables à un redressement durable des économies africaines.

Toutefois, derrière les indicateurs macroéconomiques souvent mis en avant – inflation contenue, déficits réduits, comptes publics assainis – se pose une question fondamentale : dans quelle mesure cette stabilisation s'est-elle traduite par une amélioration tangible des conditions de vie des populations africaines ? Les chiffres officiels ne reflètent pas toujours les tensions sociales, la précarité croissante et l'augmentation des inégalités. Ce chapitre analyse les résultats macroéconomiques obtenus, tout en confrontant les succès chiffrés aux réalités sociales et économiques vécues sur le terrain, afin de mieux comprendre le décalage entre performance financière et bien-être des populations.

8.1 Maîtriser l'inflation et réduire les déficits : un succès partiel

La lutte contre l'inflation et la réduction des déficits publics ont constitué des priorités absolues des Programmes d'Ajustement Structurel (PAS). Dans de nombreux pays africains, l'inflation atteignait des niveaux préoccupants, érodant le pouvoir d'achat des ménages, fragilisant les économies domestiques et décourageant l'investissement privé. Les institutions de Bretton Woods ont donc recommandé un ensemble de mesures strictes visant à rétablir la stabilité macroéconomique : la réduction des dépenses publiques jugées non prioritaires, le resserrement de la politique monétaire à travers des taux d'intérêt plus élevés, et le contrôle de la création monétaire couplé à un renforcement de la discipline fiscale. Ces instruments visaient à restaurer la confiance des marchés et à asseoir la crédibilité des États auprès des bailleurs internationaux.

Dans plusieurs pays africains, ces politiques ont effectivement permis de contenir l'inflation et de réduire les déficits budgétaires à court terme. Les indicateurs macroéconomiques se sont améliorés, donnant l'impression d'un redressement tangible et consolidant la légitimité des gouvernements face aux créanciers. La maîtrise des grands équilibres financiers fut souvent présentée comme un succès emblématique des PAS, justifiant la poursuite et l'intensification de ces programmes dans les années suivantes.

Cependant, ce succès reste partiel et fragile. La contraction des dépenses publiques, conjuguée à la hausse du coût du crédit, a freiné l'investissement productif et limité la capacité des économies africaines à générer de la croissance durable. Par ailleurs, les améliorations macroéconomiques ne se sont pas traduites systématiquement par une hausse du bien-être des populations, la pauvreté et les inégalités persistantes témoignant des limites sociales de ces politiques. La stabilisation des chiffres financiers s'est ainsi souvent faite au prix d'un appauvrissement relatif des ménages, révélant le décalage entre performance macroéconomique et réalité vécue sur le terrain.

8.2 Équilibres budgétaires et gestion de la dette

Au-delà de la maîtrise de l'inflation, les Programmes d'Ajustement Structurel (PAS) avaient pour objectif central de rétablir des équilibres budgétaires durables et de rendre la dette extérieure soutenable. Les États africains ont été encouragés à inscrire leurs finances publiques dans une logique de rigueur et de discipline fiscale, afin de restaurer la confiance des créanciers internationaux et de stabiliser les économies nationales. Les instruments recommandés comprenaient la suppression ou la réduction des subventions aux produits de base, la rationalisation des dépenses de fonctionnement de l'État, ainsi que la négociation de rééchelonnements ou de restructurations de la dette avec le FMI et les créanciers bilatéraux et multilatéraux. Ces mesures visaient à créer un cadre financier stable, capable de prévenir les déséquilibres futurs et de garantir la soutenabilité de l'endettement public.

Dans plusieurs pays africains, ces politiques ont permis d'améliorer certains ratios budgétaires, comme le déficit public ou le niveau de l'endettement par rapport au PIB, renforçant temporairement la crédibilité financière des

États auprès des bailleurs de fonds. Les rééchelonnements de la dette et les programmes de consolidation budgétaire ont offert des marges de manœuvre limitées et contribué à stabiliser les relations avec les créanciers internationaux. Ces résultats macroéconomiques ont été perçus comme des succès par les institutions financières, et ont légitimé l'extension et la continuité des programmes d'ajustement dans les années suivantes.

Cependant, ces améliorations chiffrées ont souvent été obtenues au prix d'un transfert des coûts sur les populations les plus vulnérables. La réduction des dépenses sociales et des investissements publics a limité la capacité des États à soutenir le développement humain et à promouvoir l'accès aux services essentiels. Parallèlement, le service de la dette est resté une contrainte majeure, absorbant une part significative des ressources publiques et réduisant la marge de manœuvre pour financer l'éducation, la santé ou les infrastructures. Cette dynamique illustre le paradoxe des PAS : des équilibres financiers rétablis, mais au prix d'une pression accrue sur le bien-être et la dignité des populations.

8.3 Le décalage entre chiffres macroéconomiques et vécu social

L'un des aspects les plus controversés des Programmes d'Ajustement Structurel (PAS) réside dans le décalage manifeste entre les performances macroéconomiques affichées et la réalité vécue par les populations. Alors que les indicateurs officiels montrent souvent des réductions de l'inflation, des déficits budgétaires plus faibles ou un assainissement des comptes publics, ces chiffres masquent des effets sociaux profonds. La contraction des dépenses publiques et la libéralisation de certains secteurs ont généré une hausse significative des prix des denrées de base, affectant particulièrement les ménages à faibles revenus, tandis que la stagnation des salaires et la compression des rémunérations publiques ont affaibli le pouvoir d'achat et la capacité de consommation.

Parallèlement, l'accès aux services essentiels, tels que la santé et l'éducation, s'est détérioré. La réduction des budgets publics et la mise en place de mécanismes de recouvrement des coûts ont transformé ces services, autrefois universels ou largement subventionnés, en charges supplémentaires pour les familles. Cette dynamique a accru l'inégalité d'accès et généré des effets pervers sur le capital humain, avec des conséquences durables sur le développement social et économique. La statistique macroéconomique, bien qu'encourageante sur le papier, ne reflète donc pas les fractures sociales et les tensions quotidiennes induites par ces politiques.

Ainsi, la stabilisation macroéconomique, même lorsqu'elle est effectivement réalisée, se traduit souvent par une insécurité sociale accrue et un sentiment de sacrifice imposé aux populations. Pour une large partie de la société, l'ajustement n'a pas été perçu comme la promesse d'une prospérité future, mais comme une succession de contraintes et de sacrifices, imposés au nom d'objectifs financiers abstraits. Ce contraste souligne les limites d'une approche centrée exclusivement sur les indicateurs économiques et la nécessité de mesurer le développement à l'aune du bien-être concret des citoyens.

8.4 Conclusion du chapitre 8 : une stabilisation chiffrée, mais socialement fragile

Les Programmes d'Ajustement Structurel ont effectivement permis d'atteindre certains objectifs macroéconomiques dans plusieurs pays africains. L'inflation a été contenue, les déficits budgétaires réduits et les finances publiques assainies, créant une apparence de stabilité économique aux yeux des institutions internationales et des marchés financiers. Ces résultats sont souvent mis en avant comme des preuves de l'efficacité de l'ajustement et justifient la continuité de l'intervention des bailleurs de fonds dans la gestion macroéconomique des États africains.

Pour autant, cette stabilisation chiffrée ne s'est pas traduite par une amélioration proportionnelle des conditions de vie des populations. Les indicateurs sociaux, tels que l'accès à la santé, à l'éducation et aux services de base, ont souvent stagné ou même régressé dans certains contextes, tandis que le chômage et la précarité se sont accentués. La croissance économique générée par les ajustements n'a pas été suffisamment inclusive pour réduire les inégalités ni pour soutenir le développement humain, révélant la fragilité sociale de ces succès économiques.

Le paradoxe majeur réside dans le décalage entre la performance macroéconomique et le vécu concret des citoyens. Alors que les tableaux financiers peuvent montrer un équilibre budgétaire restauré ou une inflation maîtrisée, la population ressent les effets directs de la compression des dépenses publiques : hausse du coût de la vie, diminution des prestations sociales et fragilisation des systèmes éducatifs et sanitaires. Cette fracture souligne les limites d'un modèle de développement centré presque exclusivement sur les chiffres et les indicateurs financiers.

En conclusion, si les PAS ont atteint certains objectifs techniques et ont créé une forme de légitimité institutionnelle, leur impact social reste contestable et inégalement réparti. Le chapitre suivant se concentre sur l'analyse de ce coût social, en examinant comment les ajustements ont transformé concrètement les conditions de vie, avec un focus sur des études de cas emblématiques comme le Ghana, afin de mesurer le véritable écart entre promesse économique et réalité sociale.

9. Le coût social de l'ajustement

Si les Programmes d'Ajustement Structurel (PAS) ont été présentés comme des instruments nécessaires de stabilisation macroéconomique, leur mise en œuvre a profondément transformé les conditions de vie des populations africaines. Derrière les objectifs affichés de rigueur budgétaire, d'efficacité économique et de rationalisation des dépenses publiques, les réformes ont souvent été appliquées sans mécanismes de protection sociale suffisants. Cette approche a eu pour effet de transférer la charge de l'ajustement sur les citoyens les plus vulnérables, exposant les ménages à des risques accrus de pauvreté, de marginalisation et de précarité dans leur vie quotidienne.

En Afrique, et plus particulièrement au Ghana, ces politiques ont entraîné une recomposition brutale de l'accès aux services essentiels, révélant un coût social élevé, durable et largement sous-estimé dans les évaluations institutionnelles. La santé, l'éducation et l'eau, trois piliers fondamentaux du bien-être, ont été directement affectés par la réduction des financements publics et la mise en place de mécanismes de tarification ou de privatisation. Ce chapitre analyse ces impacts sectoriels, mettant en lumière le décalage entre rationalité économique et réalité humaine, et soulignant les tensions structurelles qui naissent lorsque les objectifs financiers prennent le pas sur les besoins sociaux.

9.1 Santé : le « cash and carry » ou l'accès conditionné aux soins

Le secteur de la santé a été l'un des premiers touchés par les réformes d'ajustement imposées sous l'égide des institutions de Bretton Woods. Dans le cadre des Programmes d'Ajustement Structurel, de nombreux pays africains ont introduit des mécanismes de recouvrement des coûts, dont le système dit de « cash and carry », fondé sur le paiement direct des soins par les patients. Cette réforme reposait sur une logique comptable visant à réduire les déficits publics, améliorer l'efficacité des hôpitaux et responsabiliser les usagers, mais elle traduisait également la priorité donnée à la rigueur budgétaire par rapport à l'accès universel aux services essentiels.

Dans la pratique, les effets de cette politique se sont révélés profondément discriminants et socialement inégalitaires. Les populations pauvres et rurales, disposant de revenus faibles et instables, ont vu leur accès aux soins drastiquement limité. La suppression progressive de la gratuité des services a conduit à des retards de prise en charge, voire à un renoncement total aux soins pour des pathologies graves, accentuant les risques sanitaires et les inégalités. Les indicateurs de santé publique, tels que la mortalité infantile et maternelle, ont montré des dégradations sensibles dans plusieurs régions, illustrant l'impact direct des choix financiers sur la vie quotidienne des citoyens.

Au Ghana, ce système a cristallisé les tensions entre la logique budgétaire et le droit fondamental à la santé. La stabilisation financière, bien qu'affichée comme une réussite macroéconomique, s'est traduite par une exclusion sanitaire partielle, révélant une fracture profonde entre performance économique et protection sociale. Ce contraste souligne la nécessité de repenser les politiques de financement de la santé, afin de concilier efficience économique et justice sociale, et de garantir que les réformes budgétaires ne se fassent pas au détriment des populations les plus vulnérables.

9.2 Éducation : la marchandisation du savoir

L'éducation, traditionnellement perçue comme un pilier du développement à long terme, a été profondément reconfigurée par les Programmes d'Ajustement Structurel (PAS). La réduction des dépenses publiques a conduit à la suppression ou à la diminution des subventions scolaires, à l'introduction de frais d'inscription pour l'enseignement secondaire et supérieur, et à une baisse significative des investissements dans les infrastructures éducatives. Cette orientation visait à alléger les budgets de l'État et à rendre le système éducatif plus « efficace » sur le plan financier, mais elle a largement ignoré les dimensions sociales et inclusives de l'éducation.

Les conséquences structurelles de ces réformes se sont rapidement manifestées. L'accès à l'enseignement est devenu de plus en plus conditionné par la capacité financière des ménages, excluant une part importante de jeunes issus de milieux modestes. Les inégalités sociales se sont accentuées, alors que l'éducation cessait progressivement d'être un vecteur de mobilité sociale et d'émancipation individuelle. Parallèlement, la qualité de l'enseignement a souffert : le sous-équipement des établissements, la précarisation du personnel éducatif et la surcharge des classes ont contribué à un déclin du niveau d'instruction, compromettant le développement du capital humain à long terme.

Au Ghana, cette logique s'est particulièrement matérialisée par l'augmentation des frais universitaires, obligeant de nombreux étudiants à cumuler études et emplois précaires. La réussite académique et l'engagement intellectuel ont été compromis, et l'éducation elle-même est progressivement devenue un espace soumis à la logique marchande. Ainsi, au lieu de renforcer les capacités nationales et de favoriser le développement humain, le système éducatif s'est trouvé transformé en un instrument de rationalisation budgétaire, créant un paradoxe où les politiques financières prônées par les PAS entraient directement en contradiction avec les objectifs de formation, d'inclusion et de progrès social.

9.3 Eau : privatisation, tarification et exclusion

L'accès à l'eau potable constitue un révélateur majeur du coût social des Programmes d'Ajustement Structurel (PAS). Sous l'impulsion de la Banque mondiale et du FMI, de nombreux pays africains ont introduit des politiques de privatisation des services d'eau, censées améliorer l'efficacité, réduire les pertes et attirer les investissements privés. Cette orientation, fondée sur des considérations économiques et de rentabilité, a souvent pris le pas sur la dimension sociale, réduisant la capacité des États à garantir un service universel et équitable. La mise en œuvre de ces réformes a été présentée comme un moyen de rationaliser la gestion des ressources hydriques, mais elle a révélé rapidement des tensions entre objectifs financiers et droits fondamentaux.

Dans la pratique, les effets ont été particulièrement contrastés et inégalitaires. Les tarifs de l'eau ont augmenté, limitant l'accès pour les ménages à faibles revenus, tandis que les zones rurales et périurbaines, jugées peu rentables par les opérateurs privés, ont été marginalisées. Cette situation a eu des conséquences sanitaires et sociales immédiates, avec une recrudescence de maladies liées à l'eau insalubre et une aggravation des conditions de vie dans les zones vulnérables. La logique de rentabilité a ainsi transformé un bien commun vital en un produit soumis aux impératifs financiers, accentuant les fractures territoriales et socio-économiques.

Au Ghana, ces dynamiques se sont traduites par des coupures fréquentes et des systèmes de tarification progressive qui ont exacerbé les inégalités territoriales et sociales. La population, confrontée à des restrictions et à des coûts élevés, a vu sa sécurité hydrique compromise, révélant le paradoxe de réformes supposées modernisatrices mais socialement excluantes. L'évolution de la gestion de l'eau illustre ainsi comment un bien fondamental pour le développement humain et la cohésion sociale a été progressivement redéfini par une approche centrée sur la rentabilité économique, avec des conséquences durables sur la santé publique et le bien-être des populations.

9.4 Le Ghana comme fil rouge : vécu social et contradictions structurelles

Souvent présenté comme un « bon élève » des institutions de Bretton Woods, le Ghana constitue un cas emblématique des contradictions générées par les Programmes d'Ajustement Structurel (PAS). Sur le plan macroéconomique, le pays a appliqué avec rigueur les prescriptions internationales : discipline budgétaire, libéralisation économique, privatisations et ouverture au marché. Ces résultats ont valu au Ghana une reconnaissance institutionnelle et une image de stabilité, souvent citée comme modèle en Afrique subsaharienne. Cependant, derrière cette réussite apparente, la réalité sociale vécue par les populations raconte une autre histoire, faite de contraintes, de frustrations et d'inégalités accrues.

Dans les hôpitaux de Kumasi et d'Accra, de nombreux patients témoignaient de l'impossibilité de se faire soigner faute de moyens financiers suffisants, illustrant l'exclusion sanitaire engendrée par la logique du « cash and carry ». Dans les universités, les étudiants faisaient état d'une pression économique croissante, liée à l'augmentation des frais d'inscription et au coût de la vie, compromettant leur réussite académique et leur engagement intellectuel. Parallèlement, dans les zones rurales, les communautés dénonçaient la dégradation de l'accès à l'eau, aux infrastructures de base et aux services publics essentiels, révélant une marginalisation territoriale persistante malgré la mise en œuvre des réformes.

Ces expériences concrètes mettent en lumière le paradoxe central des PAS : une réussite institutionnelle mesurée par des indicateurs macroéconomiques, mais un coût humain largement invisibilisé et un impact social durablement négatif. Elles illustrent la tension entre les objectifs financiers imposés par les bailleurs de fonds et les besoins réels des populations, soulignant la nécessité de réinterroger les critères de succès du développement et de replacer le bien-être social au cœur de la planification économique.

Enfin, le Ghana sert de fil conducteur pour comprendre les dynamiques africaines plus larges : il montre comment l'application stricte de réformes externes peut générer des performances macroéconomiques positives tout en exacerbant les inégalités, les vulnérabilités et les frustrations sociales, rappelant que la légitimité d'un programme ne se mesure pas seulement à ses chiffres, mais aussi à son impact tangible sur la vie des citoyens.

9.5 Conclusion du chapitre 9 - L'ajustement structurel : un prix humain durable

Le coût social des Programmes d'Ajustement Structurel (PAS) révèle l'un des angles morts majeurs de l'architecture de Bretton Woods. Si ces programmes ont permis de restaurer certains équilibres macroéconomiques, de réduire l'inflation et de rassurer les créanciers internationaux, ils l'ont fait au prix d'une fragilisation profonde des systèmes de santé, d'éducation et d'accès à l'eau. Les réformes, souvent appliquées avec rigueur, ont généré des exclusions sociales importantes et ont limité la capacité des États africains à protéger les populations les plus vulnérables. Le Ghana, fréquemment présenté comme un « bon élève » du continent, incarne de manière exemplaire cette tension entre réussite institutionnelle et souffrance sociale.

Les témoignages et observations concrètes montrent que derrière les chiffres macroéconomiques, les populations ont souvent vécu une précarisation accrue : retard ou renoncement aux soins, difficultés d'accès à l'éducation, marginalisation des zones rurales et périurbaines, et accroissement des inégalités territoriales. Ces impacts démontrent que la stabilisation budgétaire et la discipline macroéconomique ne suffisent pas à garantir un développement durable et humainement soutenable. L'ajustement structurel, en privilégiant l'efficacité financière sur la protection sociale, a produit un modèle où les bénéfices économiques sont largement dissociés des conditions de vie réelles des citoyens.

Cette réalité soulève une question fondamentale sur la définition même du succès des PAS : peut-on réellement parler de réussite lorsqu'un modèle de développement stabilise les indicateurs macroéconomiques tout en fragilisant les sociétés et en compromettant le capital humain ? Les enseignements tirés du Ghana, à la fois modèle et terrain d'expérimentation, illustrent la nécessité de repenser les critères de succès des politiques économiques internationales. Le chapitre suivant s'attachera à approfondir ce paradoxe, en analysant comment le Ghana est devenu un « élève modèle » des institutions internationales tout en portant les stigmates sociaux de cette exemplarité, révélant ainsi les limites structurelles et humaines des PAS en Afrique.

10. Le Ghana, modèle de la Banque mondiale

Parmi les pays africains engagés dans les Programmes d'Ajustement Structurel, le Ghana occupe une place à part. Dès le milieu des années 1980, il devient l'un des terrains privilégiés d'expérimentation des réformes promues par le FMI et la Banque mondiale. Sa capacité à appliquer avec constance et discipline les prescriptions économiques lui vaut une reconnaissance internationale durable, renforçant son image d'« élève modèle » du continent africain. Cette consécration reflète la réussite apparente dans la stabilisation macroéconomique, la maîtrise des déficits et l'attraction d'investissements étrangers, éléments valorisés par les institutions financières internationales.

Pourtant, cette image exemplaire masque une réalité plus nuancée, faite de sacrifices sociaux, de tensions internes et de résultats ambigus en matière de développement humain. Les réformes rigoureusement appliquées ont engendré des coûts importants sur le plan social, affectant l'accès aux services publics, la sécurité alimentaire et le bien-être des populations les plus vulnérables. Ce chapitre analyse les raisons de cette consécration institutionnelle, les mécanismes concrets des réformes mises en œuvre et le paradoxe profond entre succès macroéconomique et fragilité sociale, révélant les limites de la transposition mécanique des modèles économiques dans des contextes locaux spécifiques.

10.1 Des réformes appliquées avec rigueur et constance

Le Ghana se distingue d'abord par la cohérence et la rapidité avec lesquelles il a appliqué les réformes structurelles exigées par les institutions de Bretton Woods. Contrairement à d'autres pays africains, où les programmes d'ajustement ont souvent été partiels, contestés ou mal coordonnés, les autorités ghanéennes ont adopté une stratégie méthodique, poursuivant la mise en œuvre des réformes avec constance et détermination. Cette approche a permis de donner une image de sérieux et de discipline, renforçant la crédibilité du pays auprès des créanciers et des partenaires internationaux, et positionnant le Ghana comme un laboratoire d'expérimentation pour les programmes économiques promus par le FMI et la Banque mondiale.

La rigueur du Ghana se manifeste à plusieurs niveaux. Sur le plan budgétaire, le pays a appliqué une discipline stricte : réduction des déficits publics, contrôle rigoureux des dépenses de l'État, réforme de la fonction publique et limitation des subventions jugées non prioritaires. Dans le domaine économique, le Ghana a accéléré la privatisation d'entreprises publiques dans des secteurs stratégiques, encouragé l'investissement étranger et déréglementé progressivement l'économie, répondant ainsi aux prescriptions des institutions financières. Enfin, le pays a rationalisé les services sociaux en introduisant des mécanismes de recouvrement des coûts dans la santé et l'éducation et en recentrant l'État sur des fonctions jugées essentielles, illustrant l'application pratique des principes d'ajustement structurel.

Ces choix politiques, souvent socialement coûteux et difficiles à assumer, ont permis au Ghana de restaurer une stabilité macroéconomique relative et d'améliorer ses indicateurs financiers aux yeux des bailleurs de fonds. La capacité à maintenir cette rigueur sur plusieurs années a contribué à forger l'image d'un « élève modèle » de la Banque mondiale et du FMI, symbole de discipline et de conformité institutionnelle. Toutefois, cette conformité stricte, tout en générant des résultats macroéconomiques positifs, masque les tensions et les coûts sociaux que ces réformes ont engendrés au niveau des populations locales, préparant le terrain pour les paradoxes explorés dans les sous-parties suivantes.

10.2 Construction d'une image internationale exemplaire

La Banque mondiale et le FMI ont largement contribué à façonner l'image du Ghana comme un exemple de réussite africaine des Programmes d'Ajustement Structurel (PAS). Dans leurs rapports, communiqués et évaluations, le pays est régulièrement présenté comme un modèle de bonne gouvernance économique, de discipline budgétaire et de capacité à respecter les engagements internationaux. Cette mise en avant s'appuie sur des données objectives, mais également sur une construction discursive qui souligne la conformité du Ghana aux standards internationaux de gestion économique.

Les discours institutionnels insistent sur plusieurs réalisations concrètes : la baisse de l'inflation et la stabilisation monétaire, la régularité des finances publiques et la capacité à honorer les obligations envers les créanciers extérieurs, ainsi qu'une croissance économique jugée soutenable et compatible avec l'économie de marché mondiale. Ces éléments sont systématiquement utilisés pour démontrer l'efficacité des PAS et légitimer leur diffusion sur le continent africain. Le Ghana, par sa discipline et sa rigueur, devient ainsi la vitrine des politiques économiques promues par Bretton Woods, illustrant la possibilité de réussir « à la condition » de se conformer strictement aux recommandations externes.

Au-delà de la simple performance économique, cette narration officielle confère au Ghana un rôle symbolique : il est mobilisé comme preuve tangible que les réformes structurelles peuvent fonctionner en Afrique. Cette image exemplaire est régulièrement diffusée lors des conférences internationales, dans les publications et dans les documents de stratégie des institutions financières, créant un modèle à imiter pour d'autres pays du continent. Toutefois, cette construction médiatique et institutionnelle tend à occulter les tensions sociales et les coûts humains générés par les réformes, préparant ainsi le terrain pour les paradoxes sociaux analysés dans le chapitre suivant.

10.3 L'« élève modèle » africain : reconnaissance institutionnelle et critiques sociales

Derrière la reconnaissance internationale du Ghana comme « élève modèle » des institutions de Bretton Woods, la réalité vécue par la population locale révèle des tensions et des paradoxes. Si les indicateurs macroéconomiques – inflation maîtrisée, finances publiques assainies, croissance économique stable – sont globalement positifs, ils ne traduisent pas toujours les transformations sociales profondes ou les difficultés quotidiennes rencontrées par les populations. Cette déconnexion entre performance statistique et vécu social constitue l'un des principaux paradoxes du modèle ghanéen, mettant en lumière la limite d'une approche centrée uniquement sur les agrégats macroéconomiques.

Plusieurs tensions structurelles émergent clairement. La persistance des inégalités est manifeste : les bénéfices de la croissance tendent à se concentrer dans les zones urbaines et au sein des élites économiques, tandis que les zones rurales et les populations marginalisées restent largement exclues des gains de développement. Le coût social des ajustements est élevé, avec un accès fragilisé à des services essentiels comme la santé, l'éducation et l'eau, amplifiant la vulnérabilité des ménages les plus pauvres. Enfin, la performance économique n'a pas nécessairement amélioré le bien-être social : la pauvreté structurelle persiste, et le capital humain peine à bénéficier des réformes, soulignant la limite d'un succès purement institutionnel.

Ainsi, le statut d'« élève modèle » apparaît profondément ambigu. Il récompense la conformité aux normes et prescriptions internationales davantage que la transformation tangible des conditions de vie, créant un décalage entre reconnaissance institutionnelle et réalité sociale. Pour les institutions financières, le Ghana devient l'exemple à suivre, mais pour une partie de sa population, cette exemplarité est ressentie comme une contrainte imposée, révélant les limites du modèle de développement imposé de l'extérieur et posant la question de l'articulation entre discipline économique et justice sociale.

10.4 Conclusion du chapitre 10 : le paradoxe du modèle ghanéen

Le cas du Ghana illustre l'un des paradoxes les plus saillants de l'architecture de Bretton Woods : un pays peut être reconnu et célébré pour sa discipline macroéconomique tout en supportant un coût social élevé et des tensions internes persistantes. Cette dualité met en évidence le contraste entre succès mesurés à travers les indicateurs financiers et macroéconomiques et fragilité humaine, sociale et territoriale. La conformité stricte aux prescriptions du FMI et de la Banque mondiale a permis au Ghana de consolider sa crédibilité internationale et d'être présenté comme un modèle pour le continent, mais cette réussite officielle masque des réalités vécues très différentes par les populations.

Le Ghana, riche en ressources naturelles telles que l'or, le cacao et d'autres produits agricoles d'exportation, aurait pu transformer cette abondance en prospérité partagée et en développement inclusif. Pourtant, malgré une discipline économique exemplaire, la redistribution des richesses reste limitée, les zones rurales marginalisées et les inégalités sociales persistantes. Les tensions entre performance macroéconomique et bien-être social mettent en lumière les limites d'un modèle où le respect des règles du système mondial est valorisé au détriment de l'amélioration concrète des conditions de vie des citoyens.

Cette situation interroge la pertinence du modèle promu par les institutions internationales : la discipline économique seule suffit-elle à garantir un développement équitable et durable ? Le Ghana incarne le paradoxe d'une exemplarité institutionnelle qui ne se traduit pas nécessairement par une justice sociale ou un développement humain tangible. Le chapitre suivant prolongera cette réflexion en analysant la gestion des ressources naturelles à l'échelle africaine, le rôle des multinationales et les mécanismes par lesquels l'abondance peut coexister avec la pauvreté, éclairant ainsi les limites structurelles et les dilemmes du modèle de développement prescrit par Bretton Woods.

11. Richesses naturelles et pauvreté persistante

Le Ghana, souvent présenté comme un exemple de discipline économique et de réussite macroéconomique, incarne l'un des paradoxes les plus frappants du développement africain : l'abondance de ressources naturelles ne se traduit pas automatiquement par une prospérité partagée. Or, cacao, agriculture d'exportation et, plus récemment, hydrocarbures constituent des piliers majeurs de l'économie nationale, apportant des recettes significatives et renforçant l'image internationale du pays. Cependant, cette richesse apparente masque des déséquilibres profonds et des fractures sociales persistantes, où une grande partie de la population reste vulnérable et exclue des bénéfices économiques.

Pourtant, une large partie de la population demeure confrontée à la pauvreté, à l'insécurité économique et à la vulnérabilité sociale. Ce chapitre explore les mécanismes par lesquels la richesse naturelle, loin de devenir un levier de développement inclusif, s'inscrit dans une logique d'extraction et de concentration des bénéfices. À travers l'exemple ghanéen, il met en lumière les interactions complexes entre multinationales, politiques fiscales, expropriations et déséquilibres territoriaux, révélant les limites structurelles du modèle promu par les institutions internationales et les implications concrètes sur la vie quotidienne des citoyens.

11.1 Or, cacao et agriculture d'exportation : une richesse peu redistribuée

Le Ghana bénéficie d'un patrimoine naturel exceptionnel qui constitue l'un des piliers de son insertion dans l'économie mondiale. L'exploitation de l'or, par exemple, attire d'importants investissements de multinationales minières et contribue de manière significative aux recettes d'exportation. Cependant, une large partie des profits est rapatriée vers les maisons mères étrangères, limitant les retombées locales. Les emplois créés, souvent peu qualifiés, et les investissements en infrastructures ou en transfert de technologies restent insuffisants pour générer un véritable développement territorial et renforcer l'économie nationale de manière durable.

La filière cacao, historiquement centrale dans l'économie ghanéenne, illustre une dynamique similaire. Elle emploie des centaines de milliers de petits producteurs et contribue fortement aux exportations nationales, mais la dépendance aux cours mondiaux et la faible valeur ajoutée locale maintiennent les cultivateurs dans une précarité structurelle. Ces producteurs ont peu de marge de manœuvre face aux fluctuations des prix internationaux, ce qui limite leur pouvoir économique et renforce les asymétries dans la répartition des bénéfices, malgré le rôle stratégique de cette culture pour l'économie nationale.

Parallèlement, l'agriculture d'exportation, orientée prioritairement vers des marchés internationaux, renforce la croissance économique du pays mais au prix d'une marginalisation des cultures vivrières. Cette orientation accroît la vulnérabilité alimentaire et la dépendance aux importations, tout en accentuant l'exode rural et la précarisation des communautés agricoles. Ainsi, l'exploitation des ressources naturelles et l'orientation vers les exportations génèrent des flux financiers considérables mais concentrent la richesse entre une minorité locale et des acteurs internationaux, creusant les inégalités et limitant l'impact positif sur le développement humain.

11.2 Expropriations, multinationales et fiscalité avantageuse

La valorisation des ressources naturelles au Ghana repose sur des mécanismes qui interrogent profondément la notion de développement inclusif et équitable. Parmi les enjeux les plus sensibles figurent les expropriations de terres. Dans de nombreuses régions, des communautés rurales ont été déplacées pour permettre l'exploitation minière ou l'extension de grandes plantations agricoles. Ces populations, privées de leurs terres, de leur accès à l'eau et de leurs moyens de subsistance traditionnels, reçoivent souvent des compensations insuffisantes ou inadaptées, accentuant leur vulnérabilité économique et sociale et générant un sentiment d'injustice profonde au sein des communautés affectées.

La présence des multinationales, encouragée par les politiques de libéralisation économique et les dispositifs d'attractivité des investissements, renforce ces dynamiques asymétriques. Si ces entreprises participent effectivement à la croissance macroéconomique et aux recettes publiques, elles bénéficient fréquemment de régimes fiscaux préférentiels : exonérations fiscales, taux réduits, accords bilatéraux spécifiques et autres mesures d'incitation. Ces dispositifs, conçus pour attirer et sécuriser les investissements étrangers, limitent de facto la capacité de l'État à capter une part significative de la rente extractive et réduisent la redistribution des ressources aux populations locales.

Ce double mécanisme – expropriations et fiscalité avantageuse – crée un paradoxe structurel. D'un côté, les ressources naturelles contribuent de manière notable à la croissance macroéconomique et aux exportations, consolidant l'image du Ghana comme acteur compétitif sur le marché mondial. De l'autre, leur contribution réelle au financement des services publics essentiels, à la réduction de la pauvreté et au développement local reste très limitée. Cette tension illustre la difficulté pour un pays africain riche en ressources de transformer son abondance en prospérité partagée, mettant en évidence les limites du modèle économique promu par les institutions internationales.

11.3 Le paradoxe historique de la « Gold Coast »

Le Ghana illustre, de manière presque symbolique, le paradoxe de la « Gold Coast ». Jadis au cœur de la colonisation en raison de ses richesses minières et agricoles, le territoire conserve, plusieurs décennies après l'indépendance, des inégalités structurelles profondément enracinées. Les zones riches en ressources, qu'il s'agisse des mines d'or ou des grandes plantations de cacao, présentent souvent les indicateurs de pauvreté les plus préoccupants. La dégradation environnementale, la précarité de l'emploi et le manque d'infrastructures sociales et éducatives accentuent la vulnérabilité des populations locales, révélant que l'abondance naturelle ne se traduit pas automatiquement en prospérité partagée.

Les bénéfices économiques générés par ces ressources sont en grande partie captés par des acteurs externes – multinationales, investisseurs internationaux – ainsi que par une élite nationale intégrée aux circuits de la mondialisation. Les revenus réinvestis localement restent limités, ce qui accentue la marginalisation des communautés rurales et la fracture entre zones urbaines dynamiques et territoires périphériques. Cette concentration des gains souligne l'écart entre croissance macroéconomique et développement humain, ainsi que la difficulté pour l'État de transformer les ressources naturelles en leviers de développement inclusif.

Ce paradoxe historique révèle les limites d'un modèle de développement centré sur l'extraction et l'exportation, sans stratégie robuste de transformation locale ni mécanismes efficaces de redistribution. L'expérience ghanéenne met en lumière les effets durables de l'intégration asymétrique dans l'économie mondiale : la richesse naturelle peut renforcer les dépendances structurelles et reproduire des déséquilibres hérités du passé colonial, tout en maintenant les populations locales dans une position de subordination économique.

Enfin, cette situation souligne l'importance de repenser la gouvernance des ressources, en associant planification nationale, renforcement du tissu productif local et politiques fiscales équitables, afin que l'abondance du sous-sol et des terres cultivables devienne un véritable moteur de développement inclusif, plutôt qu'un simple facteur d'inégalités persistantes.

11.4 Conclusion du chapitre 11 : richesse concentrée, pauvreté durable

Le Ghana démontre que l'abondance de ressources naturelles ne garantit ni le développement humain ni la prospérité partagée. L'or, le cacao et l'agriculture d'exportation génèrent des flux financiers considérables, mais les mécanismes de gouvernance, les relations asymétriques avec les multinationales et les politiques fiscales avantageuses limitent leur impact réel sur la réduction de la pauvreté. La concentration des bénéfices dans les mains d'une minorité et l'extraction des profits vers l'extérieur perpétuent une marginalisation des populations locales, révélant une fracture profonde entre richesse apparente et conditions de vie concrètes.

Ce décalage met en évidence la limite structurelle d'un modèle centré sur l'exploitation et l'exportation des ressources. Malgré les recettes générées par ces secteurs stratégiques, la transformation économique locale reste insuffisante, les investissements publics dans les infrastructures et les services sociaux sont faibles, et la redistribution des revenus est marginale. Les populations rurales et les travailleurs peu qualifiés continuent de supporter le coût humain de cette concentration de richesse, tandis que l'État peine à jouer un rôle régulateur efficace face aux logiques du marché international.

Enfin, cette analyse conduit à une interrogation cruciale pour l'avenir du développement africain : que devient la souveraineté économique et alimentaire lorsque les ressources naturelles et agricoles sont intégrées dans des chaînes de valeur mondialisées, dominées par des acteurs extérieurs ? La question dépasse la seule dimension économique : elle touche à la justice sociale, à l'autonomie nationale et à la résilience des sociétés. Le chapitre suivant prolongera cette réflexion en examinant l'impact du libre-échange, de la suppression des subventions agricoles et de la concurrence internationale sur la souveraineté alimentaire, l'exode rural et la précarisation des populations africaines.

12. Agriculture, souveraineté alimentaire et libre-échange

L'agriculture occupe une place centrale dans les économies africaines, non seulement comme source de revenus, mais surtout comme pilier de la sécurité alimentaire, de la cohésion sociale et de l'équilibre territorial. Elle constitue le socle de la résilience des populations et un levier stratégique pour le développement durable. Pourtant, malgré l'abondance des terres cultivables et le savoir-faire paysan, de nombreux pays africains, dont le Ghana, demeurent structurellement dépendants des importations alimentaires, exposant leurs sociétés à la volatilité des marchés mondiaux et aux aléas climatiques.

Cette situation n'est pas le fruit du hasard. Elle résulte de choix politiques et économiques inscrits dans la logique de libéralisation promue par les institutions de Bretton Woods et les accords de libre-échange. La fin des subventions locales, l'ouverture accrue des marchés et la concurrence des produits importés subventionnés ont progressivement fragilisé les filières vivrières, affaibli les économies rurales et contribué à l'exode vers les centres urbains. Ce chapitre analyse comment ces dynamiques ont érodé la souveraineté alimentaire et examine les conséquences sociales, économiques et territoriales de cette transformation, soulignant les tensions entre intégration mondiale et développement endogène.

12.1 La fin des subventions locales : rupture du pacte agricole

Dans les premières décennies post-indépendance, de nombreux États africains avaient mis en place des politiques de soutien à l'agriculture vivrière. Les subventions aux intrants, aux semences, au crédit et aux prix de vente constituaient un véritable pacte entre l'État et les producteurs ruraux. Ces mesures ne se limitaient pas à un simple soutien économique : elles créaient un équilibre social et territorial, garantissant une sécurité alimentaire minimale tout en consolidant le rôle des exploitations familiales dans le tissu rural. Le maintien de ces politiques favorisait également la diversification des cultures et la préservation des savoir-faire traditionnels, contribuant à la résilience des communautés face aux fluctuations climatiques et économiques.

Ces dispositifs permettaient plusieurs effets structurants : d'une part, ils assuraient un revenu minimum aux petits exploitants, qui représentaient la majorité des producteurs, leur offrant une stabilité relative malgré l'instabilité des marchés. D'autre part, ils favorisaient la production de cultures vivrières adaptées aux besoins locaux, garantissant une certaine souveraineté alimentaire. Enfin, les subventions jouaient un rôle protecteur face aux pressions extérieures, limitant l'exposition des filières nationales aux variations brusques des prix internationaux, qui pouvaient sinon déstabiliser durablement les économies rurales.

L'introduction des Programmes d'Ajustement Structurel (PAS) a rompu ce pacte historique. Jugées inefficaces et distorsives par les institutions internationales, les subventions ont été supprimées, souvent de manière abrupte et sans alternatives adaptées aux réalités locales. Cette décision a eu des conséquences immédiates et profondes : augmentation des coûts pour les agriculteurs, baisse des revenus, fragilisation des exploitations et affaiblissement des filières vivrières. La suppression des subventions a ainsi marqué un tournant structurel dans l'agriculture africaine, inaugurant une dépendance accrue aux marchés mondiaux et une vulnérabilité renforcée des populations rurales.

Ces transformations mettent en lumière un paradoxe : les politiques censées moderniser l'agriculture et favoriser l'intégration internationale ont souvent fragilisé les fondations mêmes de la production locale et de la sécurité alimentaire. La fin des subventions locales n'a pas seulement affecté l'économie rurale ; elle a redéfini les relations entre l'État et les producteurs, en dégradant la confiance et en accentuant les tensions sociales et territoriales. Cette rupture ouvre la voie à d'autres dynamiques structurelles, notamment l'exposition accrue des agricultures africaines à la concurrence des importations subventionnées et, à terme, à des déséquilibres profonds affectant la souveraineté alimentaire et les trajectoires rurales.

12.2 Concurrence des importations subventionnées : une asymétrie structurelle

La libéralisation des échanges agricoles a profondément transformé les marchés africains en introduisant une concurrence accrue, souvent inégale, avec des produits importés provenant de pays développés. Ces importations sont fréquemment subventionnées par leurs gouvernements, ce qui leur permet d'être vendues à des prix très inférieurs à ceux des productions locales. Cette situation crée une asymétrie structurelle : les producteurs africains, privés de soutien étatique et confrontés à des coûts de production plus élevés, se trouvent en position défavorable dès l'entrée des produits étrangers sur leurs marchés domestiques.

L'impact sur les agriculteurs locaux est immédiat et tangible. Les cultures vivrières et certaines filières d'exportation traditionnelles perdent progressivement leur compétitivité, obligeant de nombreux exploitants à réduire leurs surfaces cultivées, à abandonner certaines productions ou à se tourner vers des cultures de rente moins risquées mais moins diversifiées. Cette pression sur la production locale fragilise non seulement les revenus agricoles, mais aussi la sécurité alimentaire, car la dépendance aux importations augmente. Les petits producteurs deviennent les victimes d'une logique commerciale qui favorise l'efficacité à court terme des marchés mondiaux au détriment des systèmes alimentaires locaux.

Au-delà de la production, la concurrence des importations subventionnées affecte les dynamiques sociales et territoriales. Dans les zones rurales, la marginalisation des exploitants traditionnels entraîne un exode accru vers les villes, la perte de savoir-faire agricoles et une déstabilisation des communautés. Les marchés locaux se transforment en simples récepteurs des excédents agricoles étrangers, et la souveraineté alimentaire devient de plus en plus dépendante des politiques et des excédents des pays développés. La promesse théorique du libre-échange, censée stimuler la croissance et l'intégration internationale, révèle ainsi ses limites face aux asymétries historiques et structurelles du commerce mondial.

En somme, l'ouverture des marchés africains illustre un déséquilibre systémique : la concurrence internationale, soutenue par des mécanismes extérieurs, compromet les fondements mêmes de la production locale et renforce la vulnérabilité alimentaire.

12.3 Disparition des filières vivrières, exode rural et précarisation

Les réformes agricoles imposées par les Programmes d'Ajustement Structurel, combinées à l'ouverture aux importations subventionnées, ont entraîné un effondrement progressif des filières vivrières africaines. Ces cultures, longtemps garantes de l'autosuffisance alimentaire et de la stabilité des revenus ruraux, ont perdu leur rentabilité et leur attractivité. Privés de soutien public et incapables de rivaliser avec des produits importés à bas coût, de nombreux producteurs ont réduit leurs surfaces cultivées ou abandonné totalement certaines productions traditionnelles. Cette contraction des filières a eu des conséquences directes sur la sécurité alimentaire locale, les ménages ruraux étant désormais plus exposés aux fluctuations des prix et à l'insécurité alimentaire.

La baisse des revenus agricoles a généré une précarisation durable des communautés rurales. Les exploitants, incapables de maintenir un niveau de vie décent, ont dû diversifier leurs sources de revenus, souvent par le travail informel ou saisonnier, tandis que l'accès aux services essentiels tels que l'éducation et la santé restait limité. Ce phénomène a particulièrement touché les jeunes générations, pour lesquelles l'absence de perspectives économiques a renforcé la motivation à migrer vers les villes, en quête d'opportunités meilleures et d'un avenir plus sûr. Cette dynamique a ainsi accéléré un exode rural massif, modifiant profondément la structure sociale et démographique des territoires concernés.

L'urbanisation qui en découle est souvent rapide et mal planifiée. Les villes africaines se trouvent confrontées à une croissance démographique soutenue, caractérisée par l'expansion de l'habitat informel, le chômage endémique et la multiplication des tensions sociales. Le paradoxe est évident : tandis que l'agriculture est modernisée et intégrée aux circuits mondiaux, les campagnes se vident, la pauvreté rurale s'accentue et la sécurité alimentaire nationale devient de plus en plus dépendante des importations. Ces transformations révèlent les limites d'un modèle de développement centré sur le marché mondial, au détriment des structures locales et de l'équilibre socio-économique des zones rurales.

Dans ce contexte, la question de la souveraineté alimentaire et de la résilience des territoires agricoles apparaît centrale. La suite du chapitre analysera les réponses possibles, les stratégies endogènes et les politiques publiques susceptibles de soutenir les producteurs locaux et de restaurer un équilibre entre production, sécurité alimentaire et développement rural durable.

12.4 Conclusion du chapitre 12 : libéralisation agricole et fragilisation des territoires

La libéralisation agricole, telle qu'elle a été mise en œuvre dans le cadre des Programmes d'Ajustement Structurel et des accords de libre-échange, a profondément transformé les systèmes agricoles africains. Si elle a permis l'intégration de certains pays aux marchés mondiaux et favorisé l'essor de filières exportatrices, elle a simultanément fragilisé les cultures vivrières traditionnelles et limité la capacité des exploitants locaux à maintenir des revenus stables. Les producteurs, confrontés à la concurrence des importations subventionnées et privés de soutien public, ont vu leurs marges s'éroder et leurs territoires agricoles se vider progressivement. Cette dynamique a accru la vulnérabilité économique et alimentaire des populations rurales, révélant les limites d'un modèle centré sur la compétitivité internationale plutôt que sur la sécurité et la résilience locales.

Le Ghana illustre de manière exemplaire ce double visage du développement africain. Sur le plan macroéconomique, les institutions internationales saluent la discipline budgétaire et la performance des filières exportatrices. Mais sur le terrain, les populations rurales subissent la contraction des cultures vivrières, la perte de revenus, l'exode des jeunes et l'affaiblissement des infrastructures locales. Ce contraste met en évidence un angle mort majeur des politiques de libéralisation : la souveraineté alimentaire, fondement essentiel de la sécurité nationale et de la stabilité sociale, reste largement négligée. Les indicateurs économiques officiels masquent ainsi une fragilité structurelle qui menace à long terme le développement rural et la cohésion territoriale.

À mesure que les systèmes agricoles s'affaiblissent et que la dépendance alimentaire s'accroît, la dette extérieure devient un levier central de gouvernance économique. Les conditions imposées par le FMI et la Banque mondiale restreignent les marges de manœuvre budgétaires des États africains, les contraignant à arbitrer entre remboursement de la dette et financement des services publics essentiels. Cette tension entre obligations financières et besoins fondamentaux illustre la manière dont la libéralisation et l'endettement structurent les choix de développement, limitant l'autonomie nationale et la capacité des États à soutenir leurs populations. Le chapitre suivant s'attachera à analyser ces mécanismes, en explorant comment la dette transforme la gouvernance, redéfinit la souveraineté et influe sur les priorités nationales en Afrique.

13. La dette comme instrument de transformation des États

La dette africaine ne saurait être réduite à une simple variable macroéconomique ou à un problème de trésorerie publique. Depuis les crises de la dette des années 1980, elle est devenue un véritable instrument de gouvernance, façonnant les trajectoires économiques, sociales et institutionnelles des États. Loin de se limiter à un enjeu financier, l'endettement structure les relations entre les pays africains et les institutions internationales, en imposant des cadres de décision et des contraintes qui dépassent largement le simple équilibre budgétaire.

À travers les mécanismes de conditionnalité imposés par le FMI et la Banque mondiale, l'endettement influence profondément les choix politiques, restreint la souveraineté budgétaire et redéfinit les priorités nationales. Les États se retrouvent souvent confrontés à des arbitrages difficiles entre le remboursement de leurs créanciers et le financement des services publics essentiels, ce qui a des conséquences directes sur la santé, l'éducation et l'investissement social. Ce chapitre analyse comment la dette agit comme un levier de transformation des États africains, en examinant les logiques de conditionnalité, la réduction des marges de manœuvre budgétaires et les implications concrètes sur la gouvernance et le développement national.

13.1 Conditionnalité des prêts : gouverner par la dette

Les financements accordés aux pays africains par les institutions financières internationales ne sont jamais neutres et s'inscrivent dans un cadre contractuel strict où la dette devient un levier de gouvernance. Chaque prêt est assorti de programmes conditionnels, imposant un ensemble de réformes structurelles considérées comme indispensables au redressement économique. Ces réformes incluent généralement la libéralisation des marchés, la privatisation d'entreprises publiques, la discipline budgétaire et la réduction du rôle de l'État dans l'économie. La dette, loin de se limiter à une obligation financière, devient ainsi un moyen d'orienter les choix politiques et économiques, en articulant les objectifs nationaux sur des standards externes prédéfinis.

Le contrôle exercé par le FMI et la Banque mondiale renforce cette influence. Les institutions évaluent régulièrement la mise en œuvre effective des réformes et conditionnent le décaissement des fonds à l'alignement strict des politiques nationales avec leurs prescriptions. Ce suivi continu transforme les prêts en outils d'incitation et de pression : le non-respect des engagements peut retarder ou bloquer l'accès aux ressources financières vitales, accentuant la dépendance des États africains. Les mécanismes de surveillance institutionnelle créent ainsi une forme de gouvernance indirecte, où les décisions stratégiques sont étroitement encadrées par des acteurs externes, tout en donnant l'impression d'une autonomie formelle aux États bénéficiaires.

La dimension politique de la dette se révèle particulièrement frappante lorsqu'on considère son impact sur la souveraineté nationale. Les pays endettés voient leur espace de délibération démocratique réduit, car les priorités locales doivent désormais concorder avec les conditions imposées par les créanciers. Les choix budgétaires, sociaux et économiques sont souvent orientés vers la stabilisation macroéconomique et le respect des ratios financiers, parfois au détriment du développement humain et des besoins de la population. Dans ce contexte, la dette dépasse largement son rôle traditionnel pour devenir un instrument de gouvernement à distance, structurant les politiques nationales selon des modèles et des normes définis à l'extérieur, tout en inscrivant durablement la contrainte financière au cœur de la prise de décision.

13.2 Marges de manœuvre budgétaires réduites : une souveraineté sous contrainte

L'un des effets les plus durables de l'endettement africain réside dans la contraction des marges de manœuvre budgétaires des États. Une part significative des recettes publiques est absorbée par le service de la dette — remboursement du principal et paiement des intérêts — limitant la capacité de l'État à financer des investissements essentiels dans la santé, l'éducation ou les infrastructures. Cette priorité absolue au remboursement crée un cercle de dépendance : la dette devient non seulement un instrument financier, mais également un mécanisme qui conditionne la planification et l'exécution des politiques publiques.

La rigidité imposée aux budgets nationaux renforce cette contrainte. Les États endettés doivent maintenir des déficits faibles et limiter les dépenses, même en période de crise sociale ou économique. Toute tentative de relâcher la discipline budgétaire peut entraîner des sanctions, le blocage des décaissements ou la perte de crédibilité auprès des créanciers internationaux. Cette situation met en lumière le paradoxe fondamental : les politiques économiques deviennent davantage des instruments de conformité aux normes financières internationales que des outils de développement adapté aux besoins des populations locales.

Au-delà de la contrainte comptable, l'autonomie économique des États s'en trouve profondément affectée. La politique fiscale, les choix d'investissement et la redistribution des ressources publiques sont orientés par la logique de service de la dette plutôt que par des objectifs nationaux de transformation sociale ou économique. Cette situation engendre un sentiment de souveraineté limitée : les États, bien que formellement indépendants, voient leurs décisions encadrées et partiellement déterminées par des acteurs externes.

Le paradoxe est central : les pays africains contractent des emprunts pour soutenir leur développement, mais les conditions attachées à cette dette réduisent considérablement leur capacité à définir librement des stratégies de croissance et de redistribution. Cette dynamique révèle la manière dont la dette peut transformer un instrument financier en outil de gouvernance indirecte, modelant durablement les priorités et les choix politiques des États endettés.

13.3 Arbitrage dette / services publics : le coût social de l'endettement

Les conséquences de la dette ne restent pas abstraites ; elles se traduisent directement dans la vie quotidienne des populations africaines. Lorsque les ressources publiques sont limitées, les budgets sociaux deviennent les premières variables d'ajustement. L'éducation, la santé, la protection sociale et les programmes de développement local subissent des coupes budgétaires, ce qui réduit la qualité et l'accès aux services essentiels. Ces arbitrages, souvent invisibles dans les rapports macroéconomiques, ont des effets immédiats sur le bien-être des ménages et sur la capacité des communautés à satisfaire leurs besoins fondamentaux.

Parallèlement, les choix d'investissement sont orientés vers la rentabilité et l'attractivité financière. Les projets capables de générer des revenus ou de séduire les investisseurs internationaux sont privilégiés, tandis que les infrastructures sociales ou rurales, essentielles au développement humain mais moins « lucratives », sont reléguées au second plan. Cette logique économique transforme la nature même de l'action publique, détournant l'État de son rôle traditionnel de garant du bien-être collectif pour le faire évoluer en gestionnaire de contraintes financières.

La pression fiscale et sociale s'intensifie également. Pour honorer les échéances de la dette, les États augmentent taxes, redevances et frais d'accès aux services publics. Ce transfert direct du fardeau de l'endettement vers les citoyens accentue les inégalités et renforce le sentiment d'exclusion sociale, particulièrement parmi les populations vulnérables des zones rurales et périurbaines. Le poids de la dette se mesure donc non seulement en termes financiers, mais aussi en termes humains et sociaux.

Ainsi, le cadre de l'endettement international impose un arbitrage constant entre obligations vis-à-vis des créanciers et besoins fondamentaux des populations. L'État, dans ce contexte, se trouve contraint de composer avec une double exigence : préserver sa crédibilité financière sur la scène internationale tout en essayant de répondre aux impératifs de développement et de justice sociale. Ce paradoxe structurel révèle les limites du modèle de gouvernance par la dette et les coûts durables de l'ajustement pour les sociétés africaines.

13.4 Conclusion du chapitre 13 : la dette, levier et contrainte du développement

La dette africaine incarne une dualité profonde et complexe. D'un côté, elle constitue un levier indispensable pour financer des investissements massifs, soutenir la modernisation des infrastructures et stimuler la croissance économique. Dans des contextes où les ressources nationales sont limitées et où les besoins en développement sont immenses, l'endettement permet d'accéder à des capitaux essentiels pour la santé, l'éducation, l'agriculture et l'énergie. Cependant, ce même instrument devient une contrainte majeure dès lors que ses conditionnalités orientent et encadrent strictement les politiques publiques. Les marges de manœuvre budgétaires se réduisent, les choix économiques sont alignés sur des normes externes et les arbitrages imposés pénalisent souvent les services sociaux et les populations les plus vulnérables.

Cette tension traduit un déplacement partiel du pouvoir économique et politique hors des États africains. Les institutions financières internationales, les créanciers bilatéraux et multilatéraux, ainsi que les investisseurs privés exercent une influence directe sur les décisions nationales. Les gouvernements, bien que souverains sur le papier, se retrouvent contraints de mettre en œuvre des stratégies conçues ailleurs, avec une capacité limitée à ajuster ces politiques aux réalités locales. La dette devient ainsi un instrument de gouvernance indirecte, réduisant la responsabilité politique directe des autorités vis-à-vis de leurs citoyens et modifiant profondément la dynamique de pouvoir au sein des États africains.

Au-delà de l'économie, cette situation pose un enjeu de gouvernance et de démocratie. L'endettement n'est plus seulement un choix financier, il conditionne la définition même des priorités nationales et de la redistribution des ressources. Les populations subissent les conséquences de décisions partiellement extérieures, tandis que la responsabilité des États dans la gestion de leur développement est diluée. Cette réalité met en lumière le paradoxe de la dette : outil nécessaire au financement du développement mais simultanément vecteur de dépendance et de contraintes structurelles durables.

Le chapitre suivant prolongera cette analyse en explorant la question centrale : qui décide réellement du développement des pays africains ? Il examinera la redistribution du pouvoir entre États, institutions internationales et acteurs privés, et s'intéressera aux implications en matière d'imputabilité, de responsabilité et de gouvernance démocratique, afin de comprendre comment ces rapports de force façonnent concrètement les trajectoires nationales.

14. Qui décide du développement?

Le développement des pays africains ne relève plus uniquement de la souveraineté nationale. Il résulte aujourd'hui d'interactions complexes entre une pluralité d'acteurs : États africains, institutions financières internationales, investisseurs privés et organisations multilatérales. Si cette diversité pourrait apparaître comme une richesse décisionnelle, elle s'accompagne souvent d'une dilution du pouvoir et d'une fragmentation de la responsabilité, rendant la définition des priorités nationales plus difficile et parfois contradictoire.

Les décisions prises dans les sphères financières et économiques supplantent parfois les choix locaux, limitant la capacité des États africains à orienter leur propre trajectoire de développement. Cette configuration crée un espace où l'imputabilité est quasi inexistante, et où les politiques conçues à distance peuvent entrer en tension avec les besoins réels des populations. Les interactions entre acteurs internationaux et gouvernements nationaux génèrent ainsi un système de gouvernance partagé mais inégalement équilibré, qui influe directement sur la mise en œuvre des programmes de développement.

Ce chapitre explore ces dynamiques de pouvoir et de décision dans la gouvernance du développement africain, en mettant en lumière les pratiques du FMI, de la Banque mondiale et des investisseurs internationaux. Il s'attache à montrer comment ces rapports de force structurent les possibilités d'action locales et conditionnent la portée réelle des politiques économiques et sociales sur le continent.

14.1 États, FMI et Banque mondiale : un partage complexe du pouvoir

Les États africains, malgré leur souveraineté formelle, se trouvent dans une position de dépendance vis-à-vis des institutions financières internationales. Les prêts et financements accordés par le FMI et la Banque mondiale ne sont jamais neutres : ils conditionnent l'accès aux ressources à la mise en œuvre de réformes structurelles précises. Dans ce contexte, les gouvernements africains doivent concilier leurs priorités nationales avec les exigences des bailleurs de fonds, souvent perçues comme rigides ou déconnectées des réalités locales. La souveraineté économique devient ainsi partielle : les États restent responsables de la mise en œuvre des politiques, mais leur autonomie réelle est limitée par les conditionnalités et la pression externe sur les décisions budgétaires, fiscales et sociales.

Le pouvoir exercé par le FMI et la Banque mondiale dépasse le simple rôle de prêteur : ces institutions structurent les choix macroéconomiques et orientent les trajectoires nationales. Elles définissent les objectifs de discipline budgétaire, supervisent la libéralisation des marchés, encouragent la privatisation et évaluent régulièrement la conformité des programmes. Cette influence transforme le processus décisionnel en un espace transnational où les priorités locales sont systématiquement confrontées aux normes et standards internationaux. Les États africains se trouvent ainsi dans une position de négociateur permanent, tentant d'adapter les prescriptions externes aux besoins internes, tout en préservant une cohérence politique et sociale minimale.

L'interaction entre États et institutions internationales est complexe et souvent asymétrique. Les négociations se déroulent dans un cadre où la capacité à infléchir les décisions des créanciers dépend moins de la légitimité nationale que de la stratégie diplomatique et économique des gouvernements. Cette dynamique engendre un partage du pouvoir atypique : la définition des politiques publiques n'est plus le monopole des États, mais le fruit d'un compromis entre souveraineté et contraintes imposées de l'extérieur. Elle illustre la tension structurelle entre autonomie nationale et dépendance externe, qui constitue un défi central pour le développement africain.

Cette configuration n'est pas seulement économique : elle a des répercussions sur la gouvernance, la légitimité et la responsabilité politique. En limitant l'espace de décision, la dépendance aux institutions internationales fragilise l'imputabilité des États vis-à-vis de leurs citoyens et complexifie la mise en œuvre de stratégies de développement réellement endogènes. La section suivante analysera comment cette redistribution du pouvoir s'élargit encore avec l'intervention des investisseurs privés, redéfinissant les équilibres entre autonomie nationale, acteurs internationaux et marchés mondiaux.

14.2 Le rôle des investisseurs et des acteurs privés

Au-delà du cadre institutionnel du FMI et de la Banque mondiale, les investisseurs privés jouent un rôle déterminant dans la définition des priorités économiques africaines. Bien qu'ils n'exercent pas de pouvoir formel sur les États, leurs choix d'allocation de capitaux influencent profondément la structure des économies nationales. Les flux d'investissement se concentrent majoritairement sur les secteurs perçus comme rentables ou stratégiques, comme les mines, les infrastructures d'exportation, l'énergie et les services financiers. Par ce biais, les investisseurs orientent indirectement les politiques économiques, puisque les gouvernements cherchent à attirer ou à sécuriser ces capitaux, parfois au détriment de projets à forte valeur sociale ou territoriale.

La priorité systématique accordée à la rentabilité par les acteurs privés contribue à une asymétrie structurelle dans le développement. Les investissements ciblent les secteurs générateurs de devises et à rendement rapide, souvent au détriment des besoins locaux essentiels tels que l'agriculture vivrière, l'éducation, la santé ou les infrastructures de base. Cette logique économique contraint les États africains à orienter leurs politiques vers la valorisation des opportunités financières plutôt que vers la satisfaction des besoins sociaux, renforçant la polarisation territoriale et l'exclusion des populations vulnérables. Les territoires et secteurs considérés comme moins attractifs pour le marché mondial sont ainsi marginalisés, accentuant les inégalités internes.

Même sans pouvoir officiel, les investisseurs privés exercent une influence indirecte significative sur la stratégie économique nationale. Leur capacité à choisir où et comment investir crée une contrainte structurelle pour les gouvernements, qui doivent adapter leurs politiques fiscales, réglementaires et sectorielles pour sécuriser ces flux de capitaux. Cette dynamique déplace progressivement le centre de décision économique en dehors des institutions étatiques, transférant le poids stratégique vers des acteurs qui ne sont pas responsables devant les citoyens. La conséquence est un déficit d'imputabilité renforcé, où les décisions cruciales pour le développement et le bien-être des populations sont largement dictées par des logiques financières externes plutôt que par des besoins endogènes.

Cette redistribution informelle du pouvoir entre États et investisseurs privés illustre la complexité croissante de la gouvernance économique en Afrique. Elle met en lumière le paradoxe central : pour financer le développement et intégrer les marchés mondiaux, les États doivent composer avec des acteurs dont les priorités ne sont pas alignées sur le développement humain. Ces interactions soulèvent directement des enjeux de responsabilité, de transparence et de souveraineté, au cœur de la section suivante.

14.3 Responsabilité diluée, imputabilité absente

La multiplication et la superposition des acteurs intervenant dans le développement africain créent une situation paradoxale : personne ne semble assumer pleinement les conséquences des décisions économiques et sociales. Les États africains, pourtant théoriquement souverains, doivent composer avec les exigences du FMI et de la Banque mondiale, tout en cherchant à attirer et sécuriser les investissements privés. Chacun agit selon ses propres priorités et critères, et la responsabilité collective s'en trouve diluée. Ce partage complexe du pouvoir rend difficile l'identification des acteurs réellement responsables des effets des politiques appliquées sur le terrain.

Ce décalage entre décisions et impacts se manifeste concrètement dans la vie quotidienne des populations. Les réformes structurelles imposées – réduction des dépenses publiques, privatisations, libéralisation des marchés, réformes fiscales – affectent directement l'accès à l'éducation, à la santé, aux services de base et aux moyens de subsistance. Cependant, les acteurs qui les imposent, qu'il s'agisse d'institutions internationales ou d'investisseurs privés, restent largement à l'abri des critiques, jouissant d'un degré élevé d'indépendance par rapport aux citoyens. Les gouvernements africains, pris entre la contrainte extérieure et la pression interne, sont parfois réduits au rôle de médiateurs plutôt que de décideurs autonomes, ce qui accentue le sentiment d'impuissance des populations.

La dilution de la responsabilité entraîne également une perte de contrôle citoyen sur les choix stratégiques. Les mécanismes démocratiques existants, déjà fragiles, se trouvent limités par la complexité et la transnationalité des processus de décision. Les populations locales disposent de peu de leviers pour influencer des décisions cruciales concernant leur développement, qu'il s'agisse de politiques fiscales, de priorités d'investissement ou de stratégies sectorielles. Cette situation accroît le sentiment d'exclusion et de frustration, affaiblissant la légitimité des gouvernements et des institutions de développement.

En conséquence, la gouvernance économique actuelle questionne le contrat social entre gouvernants et gouvernés. La combinaison de multiples acteurs, de décisions externes et de contraintes financières limite l'imputabilité et fragilise la confiance dans les institutions publiques. Pour restaurer cette légitimité, il apparaît nécessaire de repenser les mécanismes de gouvernance, en intégrant davantage de transparence, de participation citoyenne et de responsabilité partagée, afin que le développement ne soit pas seulement une affaire de chiffres et d'indicateurs, mais bien un projet social et inclusif.

14.4 Conclusion du chapitre 14 : déplacement du pouvoir et déficit de responsabilité

La gouvernance du développement en Afrique met en lumière un déplacement manifeste du centre de décision vers des acteurs externes, qu'il s'agisse d'institutions financières internationales, de bailleurs de fonds bilatéraux ou d'investisseurs privés. Les États africains, bien que formellement souverains, voient leur marge d'action fortement réduite par des mécanismes de conditionnalité, des attentes de rentabilité et des contraintes budgétaires. Cette dépendance transforme les choix politiques et économiques locaux, orientant les priorités nationales vers des objectifs définis en grande partie à l'extérieur, au détriment des besoins immédiats et spécifiques des populations.

La responsabilité et l'imputabilité sont fragmentées : les décisions cruciales touchant l'éducation, la santé, l'accès aux services publics ou la politique sociale ne relèvent plus exclusivement des États, mais résultent d'interactions complexes entre acteurs multiples. Cette situation crée un paradoxe majeur : les citoyens subissent les effets des réformes et des choix économiques, mais ont peu de leviers pour en influer la conception ou la mise en œuvre. La légitimité des gouvernements se trouve ainsi fragilisée, et le lien entre décision politique et bien-être social s'affaiblit, accentuant les tensions entre efficacité économique, justice sociale et souveraineté nationale.

Ce déficit de contrôle démocratique et de responsabilité appelle à une réflexion approfondie sur la nature même de la gouvernance africaine dans un contexte mondialisé. La capacité des États à défendre des intérêts nationaux, à protéger les populations vulnérables et à articuler des stratégies de développement inclusives est limitée par des logiques externes et des asymétries de pouvoir.

Le chapitre suivant prolongera cette analyse en explorant le cadre du commerce international et du libre-échange, en montrant comment des règles globales, supposées universelles, structurent les opportunités et les contraintes des pays africains. Cette perspective permettra de mieux comprendre comment un système global, largement orienté vers les intérêts des économies dominantes, peut produire des effets profondément inéquitables sur le développement et la souveraineté des États africains.

15. Règles justes, situations injustes ?

Dans un monde où les règles du commerce international et du financement sont présentées comme universelles et équitables, les pays africains se trouvent souvent désavantagés. La globalisation économique, accompagnée de la diffusion des normes et standards internationaux, est supposée offrir aux économies africaines de nouvelles opportunités d'intégration et de croissance. Cette promesse repose sur l'idée d'un terrain de jeu équilibré, où l'ouverture des marchés favoriserait l'efficacité et le développement pour tous les acteurs.

Cependant, la réalité sur le terrain révèle des asymétries persistantes qui limitent ces bénéfices et reproduisent des rapports de force historiques. Les écarts de productivité, les politiques de subvention des pays du Nord et les contraintes institutionnelles imposées aux économies africaines réduisent leur capacité à tirer profit de la libéralisation. Les principes du libre-échange et de la régulation financière, conçus pour être « justes » sur le papier, génèrent en pratique des situations structurellement injustes, accentuant la vulnérabilité des pays africains et creusant les inégalités.

Ce chapitre analyse ces mécanismes et leurs implications pour le développement national. Il met en lumière la manière dont des règles formellement neutres peuvent produire des effets profondément différenciés, interrogeant ainsi la notion même de justice économique dans un système international marqué par des déséquilibres durables.

15.1 Libre-échange et inégalités structurelles

Le libre-échange est souvent présenté par les institutions internationales comme un moteur essentiel de croissance économique et d'intégration dans l'économie mondiale. Il promet aux pays africains l'accès à de nouveaux marchés, l'augmentation des exportations et la modernisation productive par la mise en concurrence. Cependant, cette vision théorique masque des asymétries structurelles qui pénalisent durablement les économies africaines. L'ouverture rapide et souvent contrainte des marchés implique la suppression des barrières douanières, des quotas et des restrictions, sans que les secteurs locaux disposent des capacités technologiques, financières ou organisationnelles pour faire face à la concurrence internationale.

Cette exposition directe à la compétition mondiale crée une concurrence profondément déséquilibrée. Les producteurs africains doivent rivaliser avec des entreprises industrialisées bénéficiant de subventions, de technologies avancées et d'économies d'échelle, ce qui amplifie l'écart de compétitivité. Les secteurs naissants ou fragiles se retrouvent progressivement marginalisés, incapables de générer les revenus nécessaires pour soutenir l'investissement, la modernisation ou l'emploi. Cette dynamique fragilise l'économie productive locale et accentue la dépendance structurelle vis-à-vis des importations, tout en limitant la possibilité d'une industrialisation autonome et durable.

Les effets sur les filières locales sont particulièrement visibles dans l'agriculture et l'artisanat. Les productions vivrières et artisanales, longtemps garantes de sécurité alimentaire et d'activités économiques rurales, subissent une érosion progressive face aux produits importés à bas coût et standardisés. Les producteurs, confrontés à la baisse des prix et à la perte de parts de marché, abandonnent leurs activités ou réduisent fortement leurs surfaces cultivées, entraînant un affaiblissement des circuits économiques locaux et une accentuation des déséquilibres sociaux et territoriaux.

Ainsi, le libre-échange, en théorie vecteur de croissance et de modernisation, se traduit dans la réalité africaine par un renforcement des inégalités structurelles entre le Nord et le Sud, une vulnérabilité accrue des filières locales et une dépendance économique durable. Cette situation invite à repenser les conditions de l'intégration internationale afin de concilier ouverture commerciale et développement inclusif.

15.2 Subventions agricoles du Nord : distorsions et contraintes

Les subventions agricoles pratiquées par les pays industrialisés constituent l'un des principaux vecteurs de distorsion pour les économies africaines. Présentées comme des mesures internes de soutien aux producteurs domestiques, elles ont des effets globaux directs lorsqu'elles inondent les marchés africains de produits à bas coût, tels que le riz, le maïs ou les produits laitiers. Ces importations subventionnées arrivent souvent à des prix inférieurs au coût de production locale, rendant la concurrence totalement inéquitable pour les exploitants africains et fragilisant le tissu agricole national. Cette dynamique crée un déséquilibre structurel où l'ouverture des marchés devient synonyme de vulnérabilité plutôt que d'opportunité.

Les conséquences pour les producteurs africains sont immédiates et profondes. Les exploitants, incapables de rivaliser avec les prix artificiellement bas des importations, voient leurs revenus s'éroder rapidement, ce qui compromet leur sécurité économique et alimentaire. La marginalisation progressive des producteurs locaux fragilise non seulement les familles agricoles mais également l'ensemble des économies rurales, qui dépendent des revenus agricoles pour maintenir les activités locales, l'emploi et la cohésion sociale. Cette situation engendre un cercle vicieux de pauvreté et de dépendance alimentaire, particulièrement dans les zones où les cultures vivrières constituent l'essentiel de l'alimentation et des revenus.

Les effets à plus long terme sont tout aussi préoccupants. La concurrence déloyale favorise les filières d'exportation au détriment des cultures locales essentielles, affaiblissant la résilience des systèmes agricoles africains et accentuant la dépendance aux importations alimentaires. Les subventions du Nord deviennent ainsi un instrument de contrainte indirecte, orientant les économies africaines vers des modèles productifs dictés par les marchés internationaux plutôt que par les besoins locaux. Cette asymétrie structurelle révèle un déséquilibre durable dans le commerce mondial et limite les marges de manœuvre des États africains pour soutenir un développement agricole autonome et inclusif.

En définitive, les subventions agricoles du Nord, invisibles dans les négociations officielles, fonctionnent comme un levier de distorsion économique qui reproduit et renforce les inégalités mondiales. Elles illustrent la manière dont un système de commerce prétendument neutre peut devenir un instrument d'injustice structurelle, soulignant l'urgence de mécanismes compensatoires et de stratégies de protection adaptées aux réalités africaines.

15.3 Asymétrie des règles du jeu mondial

Au-delà des flux commerciaux et des subventions, ce sont les règles mêmes du commerce et de la finance internationales qui structurent profondément les déséquilibres. Les normes, standards et régulations internationales sont élaborés majoritairement par les pays industrialisés, avec peu de considération pour les spécificités économiques, sociales et institutionnelles des pays africains. Les critères de qualité, les procédures sanitaires, les exigences techniques ou les standards financiers, bien qu'annoncés comme universels, reflètent souvent les capacités et les priorités des nations riches, imposant aux pays africains des contraintes difficiles à absorber. Cette asymétrie place les États africains dans une position de suiveurs, devant adapter leurs politiques internes aux exigences d'un cadre conçu sans eux.

Les pays industrialisés disposent de nombreux avantages dans ce système. Ils peuvent protéger leurs industries stratégiques par des droits de douane élevés, subventionner massivement leurs productions agricoles et obtenir un accès privilégié aux marchés mondiaux grâce à des accords bilatéraux et multilatéraux. Ces mécanismes leur permettent de sécuriser leurs excédents commerciaux et de consolider leur influence sur les négociations internationales, au détriment des économies africaines qui ont peu de leviers pour rééquilibrer ces relations. Les acteurs africains se trouvent contraints de s'insérer dans un système où la compétitivité est définie selon des standards étrangers, accentuant la vulnérabilité des filières locales et des secteurs stratégiques.

Pour les pays africains, ces contraintes sont multiples et cumulatives. L'adoption des normes internationales entraîne souvent des coûts élevés pour la production et l'exportation, limitant l'accès aux marchés mondiaux. L'exposition aux variations des prix des matières premières et aux fluctuations monétaires internationales renforce cette dépendance. De plus, les pays africains doivent composer avec des flux financiers internationaux soumis à des conditions strictes, réduisant leur autonomie économique et budgétaire. Cette combinaison de facteurs crée une vulnérabilité structurelle qui dépasse les simples effets du commerce ou de l'endettement, en enfermant les États dans un cadre de dépendance durable.

La conséquence globale est claire : le système, qui se présente comme universel et égalitaire, reproduit en réalité les rapports de force historiques et structurels. Les règles du jeu mondial, prétendument neutres, génèrent des situations profondément injustes pour les pays du Sud, qui doivent naviguer entre ouverture, compétitivité imposée et préservation de leurs économies locales. Cette asymétrie institutionnelle démontre que l'égalité formelle dans les textes ne garantit pas l'équité dans la pratique, soulignant la nécessité d'une réévaluation des règles internationales pour tenir compte des capacités et des besoins des pays africains.

15.4 Conclusion du chapitre 15 : l'illusion de la justice globale

Si les règles du commerce et de la finance internationales sont présentées comme universelles, équitables et neutres, l'expérience africaine met en évidence une tout autre réalité. La combinaison du libre-échange, des subventions agricoles massives des pays industrialisés et des asymétries institutionnelles crée des déséquilibres structurels durables. Les pays africains, tout en respectant formellement ces règles, se retrouvent contraints dans des positions de dépendance économique et stratégique, incapables de développer des politiques autonomes réellement adaptées à leurs besoins. La prétendue égalité des règles masque ainsi des mécanismes de domination et de contrôle économique, qui reproduisent des rapports de force historiques au détriment du Sud.

Ces déséquilibres ont des effets concrets et tangibles sur la vie quotidienne des populations africaines. La sécurité alimentaire se fragilise, les revenus des producteurs locaux sont instables, et l'accès aux ressources essentielles – eau, santé, éducation – reste limité par les contraintes économiques imposées par le marché mondial. Les conséquences dépassent la sphère strictement monétaire et macroéconomique : elles touchent la stabilité sociale, les dynamiques territoriales et la capacité des États à protéger leurs citoyens. L'écart entre la formalité des règles et la réalité vécue révèle ainsi une injustice systémique, où la croissance et l'ouverture aux marchés mondiaux ne se traduisent pas automatiquement par un bien-être partagé.

Enfin, cette situation soulève une question fondamentale sur la notion de justice globale et la légitimité des politiques internationales. Les populations africaines, souvent exclues des processus de décision, subissent des contraintes qui compromettent leur autonomie et leur développement. Le chapitre suivant prolongera cette réflexion en analysant la pauvreté dans toutes ses dimensions – monétaire, vécue, sociale et culturelle – en mettant particulièrement l'accent sur les groupes vulnérables et sur la dignité des citoyens, indicateur central pour mesurer l'impact réel des politiques internationales sur le quotidien et les perspectives de vie des populations africaines.

16. Fracture sociale, dignité et pauvreté multidimensionnelle

Les chiffres macroéconomiques et les indicateurs classiques de développement ne suffisent pas à saisir la réalité africaine. Derrière les statistiques se cachent des vies marquées par la pauvreté multidimensionnelle, la précarité et la perte de dignité. La croissance économique ou la stabilisation financière, souvent célébrées dans les rapports des institutions internationales, ne reflètent pas nécessairement l'expérience concrète des populations, ni les inégalités profondes qui traversent les sociétés africaines.

Cette dissociation entre performance économique agrégée et conditions de vie réelles révèle les limites d'une approche du développement centrée sur les seuls équilibres financiers. Les politiques publiques inspirées par ces indicateurs tendent à invisibiliser des formes de vulnérabilité structurelle, notamment celles qui touchent les jeunes, les femmes et les populations rurales. L'exode rural, la marginalisation sociale et l'insécurité quotidienne deviennent alors des symptômes d'un développement qui ne parvient pas à intégrer l'ensemble des dimensions humaines.

Ce chapitre explore comment la pauvreté se manifeste non seulement par l'insuffisance monétaire, mais aussi par l'accès limité aux services essentiels, la marginalisation des jeunes et des femmes, et l'exode rural. La dignité humaine, trop souvent ignorée dans les politiques publiques et les indicateurs officiels, devient ici un prisme essentiel pour mesurer le développement véritable et interroger la pertinence des modèles dominants.

16.1 Pauvreté monétaire vs pauvreté vécue

La distinction entre pauvreté monétaire et pauvreté vécue est fondamentale pour comprendre les limites des approches classiques de développement. La pauvreté monétaire repose sur des critères quantitatifs : revenus, consommation et seuils définis par les institutions internationales. Ces indicateurs permettent d'établir des comparaisons entre pays et d'évaluer la performance économique globale. Cependant, ils restent partiels, car ils ne traduisent pas nécessairement le ressenti quotidien des populations ni l'accès effectif aux ressources essentielles. La mesure monétaire, bien qu'utile pour les analyses macroéconomiques, ne reflète donc qu'une dimension abstraite de la pauvreté, souvent déconnectée du vécu des ménages.

La pauvreté vécue, en revanche, englobe les privations réelles affectant la vie quotidienne : accès à l'éducation, à la santé, à l'eau potable, aux infrastructures de base et aux opportunités économiques. Elle prend en compte non seulement les ressources financières disponibles, mais aussi les inégalités territoriales, sociales et institutionnelles qui conditionnent la capacité des individus à vivre dignement. Ce concept permet de saisir la dimension qualitative de la pauvreté et de comprendre comment les politiques économiques, même lorsqu'elles affichent des résultats macroéconomiques positifs, peuvent laisser de larges segments de la population dans une situation de vulnérabilité durable.

L'exemple du Ghana illustre parfaitement ce décalage : malgré la mise en œuvre stricte des Programmes d'Ajustement Structurel et la reconnaissance internationale comme « élève modèle », de nombreuses familles continuent de vivre dans l'insécurité alimentaire et l'accès aux services publics demeure limité. Cette réalité démontre que les indicateurs monétaires ne suffisent pas à mesurer la prospérité ou le bien-être réel. Ils peuvent masquer des fractures sociales profondes et des coûts humains importants liés à la stabilisation macroéconomique.

Ainsi, il apparaît essentiel de dépasser les indicateurs classiques et d'adopter une approche centrée sur le vécu des populations. Évaluer la pauvreté uniquement en termes monétaires revient à ignorer les dimensions sociales, culturelles et territoriales de la privation. La reconnaissance de la pauvreté vécue comme mesure complémentaire constitue un préalable indispensable pour concevoir des politiques de développement réellement inclusives et adaptées aux besoins concrets des citoyens.

16.2 Genre, jeunesse et migrations internes

La répartition de la pauvreté et de la vulnérabilité au sein des sociétés africaines révèle des inégalités structurelles profondes. Les femmes et les enfants, en particulier, sont souvent les plus exposés aux effets négatifs des politiques d'ajustement structurel et de la libéralisation économique. Marginalisées dans l'accès aux ressources économiques et aux opportunités éducatives, elles subissent une double peine : leur rôle dans l'économie domestique et informelle est peu reconnu et peu rémunéré, tandis que leur accès aux services sociaux essentiels reste limité. Cette double marginalisation renforce leur dépendance et accroît leur exposition aux situations de précarité et de vulnérabilité sociale.

La jeunesse constitue un autre groupe particulièrement vulnérable. Confrontée à un chômage élevé, à des formations inadéquates et à la réduction des services publics dans l'éducation, elle peine à construire des trajectoires professionnelles stables. Les jeunes ruraux sont souvent contraints de quitter leurs villages pour chercher des opportunités en ville, tandis que les jeunes urbains doivent affronter un marché du travail saturé et informel. Cette situation fragilise les perspectives de mobilité sociale et d'émancipation générationnelle, creusant un fossé entre les aspirations des jeunes et les possibilités réelles offertes par leur environnement.

Les migrations internes liées à la pauvreté et à l'exclusion économique ont des effets sociaux et territoriaux considérables. L'exode rural vers les villes engendre une pression sur les infrastructures urbaines, exacerbe l'habitat informel et accroît les tensions autour de l'accès à l'éducation, à la santé et à l'emploi. Les populations nouvellement arrivées se retrouvent souvent marginalisées, en compétition pour des ressources limitées, ce qui accentue l'exclusion sociale et l'insécurité urbaine.

L'impact cumulatif de ces dynamiques montre que la pauvreté et la vulnérabilité ne sont pas homogènes mais se concentrent sur certains groupes : femmes, enfants et jeunesse rurale deviennent les principaux vecteurs des cycles de précarité. Ces constats soulignent l'importance de politiques ciblées, prenant en compte les dimensions de genre, d'âge et de territorialité, afin de rompre les mécanismes de reproduction générationnelle de la pauvreté et de construire des trajectoires de développement plus équitables et inclusives.

16.3 Dignité comme indicateur oublié

La dignité dépasse largement les notions classiques de revenu ou de consommation : elle englobe la capacité pour chaque individu de mener une vie autonome, respectée et valorisée, avec un accès réel aux services essentiels et aux opportunités économiques et sociales. Elle implique que les citoyens puissent participer pleinement à la vie sociale, prendre des décisions sur leur avenir et vivre sans subir de discriminations ou d'exclusion. Dans ce sens, la dignité devient un marqueur central de l'efficacité des politiques de développement, bien plus révélateur que les simples indicateurs monétaires.

Les politiques internationales, notamment la privatisation des services publics, la réduction des subventions et la dépendance aux prêts conditionnés, ont souvent des effets corrosifs sur la dignité des populations. L'accès aux soins, à l'éducation ou à l'eau ne se limite pas à la disponibilité formelle de services : il dépend de la capacité financière, de la proximité géographique, de la qualité de la prestation et de la reconnaissance de l'individu dans ces espaces. La mise en place de mécanismes qui privilégient la rentabilité ou la discipline budgétaire au détriment du bien-être réel des citoyens réduit leur pouvoir d'agir et fragilise leur statut social, entraînant un sentiment d'exclusion et de dépossession.

Intégrer la dignité comme indicateur de développement permet de relier la macroéconomie aux conditions de vie réelles. Les chiffres de croissance, les taux de croissance du PIB ou la stabilité des finances publiques, pris isolément, peuvent masquer des régressions sociales significatives. L'approche centrée sur la dignité révèle ces écarts et souligne que la prospérité économique n'est pas synonyme de progrès social.

Au Ghana, par exemple, des témoignages révèlent que la disponibilité des services éducatifs ou de santé ne suffit pas : la dignité des citoyens dépend de l'accessibilité réelle, financière et culturelle, ainsi que de la capacité à interagir avec les institutions sans humiliation ni contrainte excessive. La reconnaissance de cette dimension permet de mieux comprendre les coûts sociaux des ajustements et des politiques imposées par les institutions internationales. La dignité devient ainsi un instrument analytique indispensable pour évaluer le véritable impact du développement sur les sociétés africaines et pour repenser des indicateurs qui mesurent le bien-être au-delà des simples agrégats économiques.

16.4 Conclusion du chapitre 16 : pauvreté, fractures et invisibilités

La pauvreté en Afrique ne peut se réduire à des données monétaires ou à des statistiques macroéconomiques. Elle se manifeste de manière multidimensionnelle, affectant simultanément les revenus, l'accès aux services essentiels, la sécurité alimentaire, les opportunités économiques et la dignité des populations. Cette approche révèle que les politiques internationales, même lorsqu'elles contribuent à la stabilité macroéconomique, peuvent laisser intactes — voire accentuer — des inégalités structurelles. Les femmes, les jeunes et les habitants des zones rurales restent particulièrement vulnérables, illustrant des fractures sociales profondes et persistantes qui échappent aux indicateurs classiques. Comprendre le développement africain exige ainsi de relier les analyses économiques aux expériences vécues, afin de mesurer l'impact réel des programmes et des réformes sur la vie quotidienne.

Ces fractures et ces invisibilités ont un coût social et politique significatif. L'incapacité des populations à accéder à l'éducation, à la santé, à l'emploi et à des conditions de vie dignes engendre non seulement de la vulnérabilité individuelle, mais aussi une perte de cohésion sociale et de confiance dans les institutions publiques. Les conséquences se répercutent sur plusieurs générations : la jeunesse privée de perspectives économiques et de stabilité sociale voit son autonomie et son pouvoir d'agir fortement limités, tandis que les femmes restent exposées à des discriminations économiques et sociales, accentuant la reproduction des cycles de pauvreté. La multidimensionnalité de la pauvreté oblige à dépasser les approches purement financières et à intégrer des critères qualitatifs, humains et culturels pour évaluer le développement.

Face à ces limites et à ces injustices, de nouvelles formes de contestation et d'action émergent. Les populations africaines, par le biais des médias locaux, des radios communautaires, des ONG et des mouvements citoyens, commencent à construire un discours critique et autonome. Elles revendiquent non seulement un meilleur accès aux services et aux ressources, mais aussi le droit à décider de leur développement, à participer aux choix qui déterminent leur quotidien et à restaurer leur dignité. Ces initiatives illustrent que la prise de conscience citoyenne devient un moteur de transformation sociale et politique, capable de compenser partiellement les contraintes imposées par les politiques internationales.

Le chapitre suivant prolongera cette analyse en explorant les formes de résistance, les stratégies endogènes et l'émergence de nouvelles consciences africaines. Il s'agira de montrer comment les acteurs locaux, en mobilisant savoirs, réseaux et ressources propres, tentent de reconquérir autonomie, dignité et pouvoir de décision, tout en repensant les relations entre gouvernance, développement et justice sociale. Cette perspective met en lumière la capacité des sociétés africaines à transformer la vulnérabilité en opportunité d'innovation sociale et politique.

17. Contestations, résistances et nouvelles consciences africaines

Alors que les politiques d'ajustement et les programmes internationaux façonnent la vie économique et sociale de l'Afrique, elles suscitent également des réactions de la part des populations. Celles-ci ne se contentent pas de subir les décisions imposées : elles contestent, résistent et réinventent leur rapport au développement. Ces réactions s'inscrivent dans un contexte où l'expérience concrète des réformes, souvent marquée par la précarité et l'exclusion, alimente une remise en question progressive des modèles dominants et de leur légitimité.

La contestation prend des formes multiples, allant des médias locaux aux radios communautaires, en passant par les organisations non gouvernementales et les mouvements citoyens. Ces espaces d'expression et d'action constituent des vecteurs essentiels de mobilisation sociale, de diffusion d'informations alternatives et de construction d'une conscience collective critique. Ils traduisent une volonté croissante de reprendre la parole sur les choix économiques et sociaux, et de réaffirmer le rôle des citoyens dans les processus de décision.

Ce chapitre explore ces dynamiques, montrant comment elles contribuent à l'émergence d'un discours critique africain, capable de remettre en question les structures de pouvoir et de promouvoir une participation active des citoyens dans la définition des politiques de développement. Il met en lumière la transition progressive d'une posture de passivité contrainte vers des formes de résistance et d'engagement qui redéfinissent les rapports entre sociétés africaines, États et acteurs internationaux.

17.1 Médias locaux et radios communautaires : voix alternatives

Les médias locaux et les radios communautaires constituent des vecteurs essentiels d'information indépendante et d'éducation civique en Afrique. Contrairement aux médias nationaux souvent centralisés ou soumis à des pressions politiques et économiques, ces plateformes permettent aux citoyens d'accéder à des informations pertinentes et contextualisées sur les politiques publiques, les projets d'investissement et les programmes internationaux. Elles jouent ainsi un rôle de médiation entre les populations et les instances décisionnelles, offrant des perspectives critiques sur l'impact concret des réformes économiques et sociales. Par leur proximité avec les territoires et les communautés, elles rendent visibles des réalités souvent invisibles dans les indicateurs macroéconomiques ou les rapports officiels.

Concrètement, ces médias développent des programmes variés qui touchent à la santé, à l'éducation, à l'agriculture et à la gouvernance locale. Des campagnes de sensibilisation sur la vaccination, l'accès à l'eau potable ou la sécurité alimentaire permettent d'informer les citoyens tout en stimulant la mobilisation collective. Des débats et tables rondes sur les politiques d'ajustement, la privatisation des services ou l'impact des multinationales donnent aux habitants l'occasion de comprendre les enjeux, d'évaluer les décisions prises par les gouvernements ou les institutions internationales et d'exprimer leurs opinions. Ces initiatives transforment les médias en outils d'éducation populaire et en espaces d'empowerment citoyen.

L'impact de ces voix alternatives est notable sur la participation et la transparence. Elles créent des espaces d'expression et de dialogue où les citoyens peuvent confronter leurs expériences au discours officiel, identifier les dysfonctionnements et proposer des solutions. Les radios communautaires, en particulier, favorisent une mobilisation sociale concrète : les communautés peuvent coordonner des actions locales, exercer une pression sur les autorités et accroître leur autonomie décisionnelle. Ainsi, ces médias ne se limitent pas à l'information : ils deviennent des instruments de responsabilisation et de renforcement du pouvoir local, permettant aux populations de ne plus être de simples spectatrices des choix économiques et politiques qui affectent leur quotidien.

En somme, les médias locaux et les radios communautaires illustrent comment l'information et la communication peuvent devenir des leviers de transformation sociale. Ils offrent une alternative aux récits centralisés et aux indicateurs purement économiques, en mettant au premier plan le vécu des populations et en contribuant à construire une société civile capable de questionner, d'influencer et de participer activement à la gouvernance et au développement local.

17.2 Les ONG et la société civile : mobilisation et plaidoyer

Les organisations non gouvernementales (ONG) et les acteurs de la société civile jouent un rôle stratégique dans la résistance aux effets négatifs des politiques économiques imposées par les institutions internationales. Elles agissent comme des intermédiaires entre les populations et les décideurs, mettant en lumière les conséquences sociales et humanitaires des Programmes d'Ajustement Structurel, de la privatisation des services publics ou de la libéralisation des secteurs stratégiques. Leur action s'inscrit dans une logique de veille citoyenne : en documentant les dysfonctionnements et en rendant visibles les fractures sociales et territoriales, elles participent à une forme de contre-pouvoir, essentielle pour équilibrer les rapports entre autorités publiques et citoyens.

Leur capacité d'influence se manifeste par des campagnes de plaidoyer ciblées, des rapports d'alerte et des interventions auprès des gouvernements et des bailleurs internationaux. Certaines ONG parviennent à obtenir des ajustements de programmes, des réformes locales ou des initiatives sociales concrètes, comme la création de cliniques communautaires, de systèmes de microcrédit ou de programmes d'éducation pour les populations vulnérables. Ces interventions montrent que, même dans un contexte de contraintes économiques et politiques fortes, la société civile peut peser sur les décisions et améliorer le quotidien des populations, en atténuant les effets les plus néfastes des réformes imposées de l'extérieur.

L'approche participative adoptée par de nombreuses ONG renforce leur efficacité et légitimité. Elles impliquent les communautés dans la définition des priorités et des solutions, favorisant une gouvernance plus inclusive et renforçant la capacité des populations à revendiquer leurs droits fondamentaux. Par cette démarche, la société civile contribue à reconstruire la confiance entre les citoyens et les institutions locales, tout en promouvant l'autonomie et la résilience communautaire face aux chocs économiques et sociaux.

Ainsi, les ONG et la société civile ne se contentent pas de dénoncer les injustices ; elles deviennent des acteurs actifs de transformation sociale et de mobilisation collective. Leur présence crée des espaces d'expression, de dialogue et d'action concrète, permettant aux populations de s'organiser, de participer et de peser sur les décisions qui affectent leur vie, contribuant à rééquilibrer un système où le pouvoir économique et politique est largement externalisé.

17.3 Émergence d'un discours critique africain

Depuis les années 1990, un discours critique sur le développement africain s'est progressivement structuré, porté par des intellectuels, des universitaires, des journalistes et des acteurs de la société civile. Ces voix interrogent la validité des modèles importés et des prescriptions des institutions internationales, offrant une lecture alternative des dynamiques économiques et sociales. L'objectif n'est pas seulement de critiquer, mais de produire des analyses contextuelles, enracinées dans les réalités locales, qui prennent en compte l'histoire, la culture, les structures sociales et les priorités économiques spécifiques à chaque pays. Cette approche marque une rupture avec une vision unidimensionnelle centrée sur la croissance macroéconomique et les indicateurs financiers, souvent déconnectée du vécu des populations.

La critique de la dépendance constitue un axe central de ce discours. Ces acteurs dénoncent les limites et les effets pervers des prêts conditionnels, des Programmes d'Ajustement Structurel et des politiques de libre-échange imposées par le Nord. Ils montrent comment ces mécanismes, tout en visant la stabilité macroéconomique et l'intégration globale, aggravent les inégalités sociales, précarisent les territoires ruraux et limitent la capacité des États africains à définir leurs propres priorités. En mettant en lumière les conséquences humaines et sociales de ces politiques, ce discours contribue à rendre visibles des problématiques longtemps invisibilisées dans les rapports officiels et les statistiques macroéconomiques.

Cette réflexion conduit à une redéfinition du concept même de développement. Les notions de souveraineté économique, de dignité humaine, de justice sociale et de participation citoyenne deviennent des piliers centraux d'une approche véritablement africaine du développement. Plutôt que de se limiter à l'adhésion aux normes mondiales, les stratégies de transformation économique et sociale sont envisagées à partir des besoins réels des populations, de leur capacité à participer aux décisions et à bénéficier directement des fruits de la croissance.

Ainsi, l'émergence de ce discours critique constitue une force intellectuelle et politique nouvelle. Elle offre un contrepoids aux prescriptions externes, crée des espaces de débat et d'initiative locale, et alimente des stratégies de résistance et de réappropriation du développement. Cette dynamique souligne que la transformation des sociétés africaines ne peut se réduire à des modèles importés : elle repose sur la capacité des citoyens et des communautés à définir collectivement ce que signifie prospérité, justice et dignité dans leur contexte propre.

17.4 Fin de la passivité politique

La contestation africaine ne se limite pas au discours intellectuel ou aux critiques médiatiques : elle se traduit également par des actions concrètes et organisées au niveau local. Les populations rurales et urbaines multiplient les initiatives pour faire entendre leur voix et protéger leurs intérêts face aux décisions économiques imposées de l'extérieur. Manifestations, pétitions, campagnes de sensibilisation, forums communautaires et assemblées locales témoignent d'une mobilisation accrue des citoyens. Ces actions traduisent une volonté claire : refuser de subir passivement les conséquences des politiques internationales et des ajustements structurels, et reprendre le contrôle sur les décisions qui affectent directement leur vie quotidienne.

Ces mobilisations se concentrent souvent sur des enjeux précis et tangibles. Les mouvements de protestation contre la privatisation des services publics, la hausse des tarifs de l'eau, de l'électricité ou de l'éducation, ainsi que les programmes d'ajustement imposés par le FMI et la Banque mondiale, illustrent la capacité des populations à s'organiser pour défendre leurs droits et leurs intérêts. Les campagnes de sensibilisation et les actions collectives permettent également de renforcer la compréhension des enjeux économiques, d'informer sur les mécanismes de financement et de mettre en lumière les effets concrets des décisions prises par des acteurs externes. Ces initiatives favorisent la transparence et permettent de relier directement l'action citoyenne aux choix de politique économique.

Au-delà de la contestation ponctuelle, ces mobilisations traduisent un changement profond dans la culture politique : la fin de la passivité et l'émergence d'une citoyenneté active et exigeante. Les populations revendiquent non seulement le droit à l'information, mais aussi la possibilité de participer à la définition des politiques de développement. Cette dynamique crée un précédent pour l'élaboration de stratégies de transformation économique et sociale plus autonomes, centrées sur les besoins réels des communautés locales plutôt que sur les priorités imposées par des institutions internationales ou des investisseurs privés.

Ainsi, la fin de la passivité politique n'est pas seulement une réaction aux contraintes externes, mais un vecteur de renforcement de la souveraineté locale et de la démocratie participative. Elle montre que les citoyens africains sont capables de produire des alternatives, d'influencer les choix politiques et de revendiquer un développement qui combine justice sociale, dignité et autonomie. Cette évolution ouvre la voie à une redéfinition des relations entre gouvernements, institutions internationales et sociétés civiles, où le pouvoir et la responsabilité sont partagés de manière plus équilibrée et transparente.

17.5 Conclusion du chapitre 17 : résistance et renaissance critique

L'Afrique ne se limite pas à un rôle passif dans l'architecture internationale : elle produit activement des voix critiques et des stratégies de résistance. Les médias locaux, les radios communautaires et les organisations de la société civile créent des espaces de réflexion, d'information et de débat, permettant aux citoyens de comprendre et de questionner les politiques économiques et sociales qui les concernent directement. Cette circulation d'informations alternatives nourrit un discours critique participatif, renforçant l'autonomie intellectuelle et politique des communautés et favorisant l'émergence de nouvelles consciences collectives.

Les acteurs sociaux, et en particulier les jeunes et les femmes, jouent un rôle central dans cette dynamique. En refusant la passivité politique et en revendiquant le droit de participer aux décisions économiques et sociales, ils transforment leur expérience quotidienne de la marginalisation en force mobilisatrice. Les initiatives locales — manifestations pacifiques, forums communautaires, campagnes d'éducation et de sensibilisation — montrent que le développement peut être pensé à partir des besoins et priorités réels des populations, et non uniquement selon les modèles imposés par des institutions internationales ou des investisseurs privés. Cette mobilisation traduit une renaissance critique qui articule autonomie, dignité et participation citoyenne comme piliers d'un développement durable.

Cependant, ces résistances s'inscrivent dans un contexte global complexe et contraignant. La persistance de la pauvreté, les migrations internes et internationales, la fragilité des systèmes économiques et politiques, ainsi que la pression continue des mécanismes financiers internationaux, limitent la portée immédiate de ces initiatives. La résistance africaine se développe donc en parallèle avec une vulnérabilité structurelle, où chaque action citoyenne se confronte à des défis systémiques qui dépassent les frontières nationales.

Cette situation pose des questions fondamentales sur la responsabilité et la justice dans le système international. La capacité des populations africaines à contester, à se mobiliser et à proposer des alternatives démontre que le développement ne peut se réduire à la mise en œuvre de programmes imposés de l'extérieur. Elle prépare le terrain pour une réinvention du rôle des citoyens dans la gouvernance économique et sociale et souligne la nécessité d'un rééquilibrage des relations de pouvoir entre acteurs locaux, États et institutions internationales. Le chapitre suivant analysera comment ces dynamiques s'inscrivent dans une logique d'instabilité mondiale et comment la responsabilité des échecs de développement africains est partagée, éclairant les enjeux de souveraineté et de justice à l'échelle globale.

18. Développement raté et instabilité mondiale

Alors que les résistances et contestations africaines s'affirment, les échecs persistants du développement révèlent un lien étroit entre pauvreté, migrations et insécurité. Ces dynamiques ne se limitent plus à un cadre national : elles se déploient à l'échelle régionale et mondiale, mettant en évidence l'interdépendance croissante des sociétés contemporaines. Les déséquilibres économiques et sociaux accumulés dans de nombreux pays africains finissent ainsi par produire des effets en chaîne qui dépassent largement les frontières du continent.

Les politiques d'ajustement structurel et les programmes internationaux, bien qu'orientés vers la stabilisation macroéconomique, ont souvent ignoré les impacts sociaux et humains, exacerbant les vulnérabilités locales et générant des conséquences globales. La fragilisation des services publics, la précarisation des populations et l'absence de perspectives économiques durables alimentent des mouvements migratoires, des tensions sociales et des formes d'instabilité qui interpellent l'ensemble de la communauté internationale.

Ce chapitre analyse comment ces échecs s'inscrivent dans des dynamiques internationales d'interdépendance et comment la responsabilité du développement raté est partagée entre différents acteurs. Il met en lumière les limites d'une approche strictement économique du développement et souligne la nécessité d'intégrer les dimensions sociales, politiques et humaines dans la compréhension des déséquilibres mondiaux contemporains.

18.1 Lien pauvreté – migration – insécurité

Le développement fragile et les inégalités persistantes créent un cercle vicieux où la pauvreté constitue à la fois une cause et une conséquence de l'instabilité. Malgré les réformes structurelles et les programmes internationaux censés stimuler la croissance, une grande partie des populations africaines demeure vulnérable aux crises alimentaires, sanitaires et économiques. La croissance macroéconomique, mesurée par les indicateurs classiques, ne se traduit pas nécessairement par une amélioration des conditions de vie : l'accès aux services essentiels reste limité, les revenus stagnent et les inégalités territoriales et sociales se creusent, accentuant le sentiment d'exclusion et de frustration parmi les citoyens.

Cette précarité pousse de nombreux individus et familles à migrer, souvent dans des conditions risquées et contraignantes. Les migrations internes vers les villes génèrent une urbanisation rapide et souvent non planifiée, avec des tensions sur l'habitat, l'emploi et les services publics. Les migrations internationales, quant à elles, exposent les populations à des parcours périlleux et à une dépendance accrue vis-à-vis des filières de transit et des réseaux informels. Ces mouvements massifs témoignent d'un déséquilibre structurel : les populations quittent leur lieu d'origine non par choix, mais par nécessité, révélant l'insuffisance des politiques de développement locales et le manque de perspectives économiques durables.

Le lien entre pauvreté et migration se double d'une dimension sécuritaire. La précarité économique et sociale alimente des tensions locales et régionales, favorise l'émergence de groupes criminels et de conflits territoriaux, et fragilise la capacité des États à protéger leurs citoyens. Les institutions nationales, souvent limitées en moyens et contraintes par la dette ou les exigences internationales, peinent à assurer la stabilité et la sécurité, laissant des zones vulnérables exposées à l'instabilité et à l'insécurité. Cette articulation montre que pauvreté, migrations et fragilité étatique ne sont pas des phénomènes isolés, mais des éléments d'un réseau de vulnérabilités interdépendantes, qui se renforcent mutuellement et compliquent toute stratégie de développement autonome et durable.

En définitive, cette interaction complexe entre pauvreté, mouvements de population et instabilité souligne la nécessité d'approches intégrées. Il ne s'agit pas seulement de stimuler la croissance ou de sécuriser les frontières, mais de repenser la gouvernance économique, sociale et territoriale afin de rompre ce cercle vicieux. La section suivante élargit cette analyse en montrant comment ces vulnérabilités s'inscrivent dans un contexte global d'interdépendance économique et politique, où la responsabilité des échecs et des crises est partagée entre acteurs locaux et internationaux, révélant les limites structurelles des modèles de développement actuels.

18.2 Le développement comme enjeu global

Les enjeux du développement africain dépassent désormais les frontières nationales, s'inscrivant pleinement dans une logique globale. La pauvreté, l'instabilité sociale et l'insécurité sur le continent ont des répercussions directes sur les marchés mondiaux, les flux migratoires et la stabilité internationale. Les crises économiques et humanitaires africaines peuvent déclencher des perturbations sur les chaînes d'approvisionnement, générer des pressions migratoires vers d'autres régions et influencer les relations diplomatiques et sécuritaires. Cette interdépendance souligne que le développement africain n'est pas un problème isolé, mais un élément central de la gouvernance mondiale et de la sécurité collective.

Au-delà de la dimension économique et sociale, les enjeux environnementaux renforcent cette interconnexion. Le changement climatique affecte directement les récoltes, les ressources en eau et la résilience des territoires, tandis que la pression sur les matières premières et la biodiversité crée des tensions entre exploitation locale et besoins globaux. Ces facteurs rendent toute approche strictement nationale insuffisante : la prospérité et la stabilité de l'Afrique deviennent indissociables de la santé écologique et économique de la planète, et la capacité à gérer ces défis conditionne la stabilité globale et la sécurité à long terme.

Face à cette complexité, les approches transnationales apparaissent comme indispensables. Les solutions doivent combiner coordination internationale, responsabilité des États africains et engagement des partenaires mondiaux, en intégrant simultanément les dimensions économiques, sociale et environnementale. Les programmes de développement, les politiques commerciales et les mécanismes financiers doivent être conçus pour soutenir l'autonomie des pays africains tout en favorisant la stabilité régionale et globale. Ce cadre intégré permet non seulement de répondre aux crises immédiates, mais aussi de prévenir les vulnérabilités structurelles qui entretiennent pauvreté et instabilité.

Ainsi, le développement africain devient un enjeu partagé et interdépendant, où les décisions locales et internationales se combinent pour produire des conséquences à l'échelle mondiale. Reconnaître cette réalité impose de repenser la gouvernance mondiale, d'intégrer la durabilité et l'équité dans les choix économiques et politiques, et de considérer l'Afrique non comme un terrain d'expérimentation, mais comme un acteur central de la stabilité et du progrès global.

18.3 Responsabilité partagée

Le développement africain s'inscrit dans un contexte de responsabilité fragmentée, où l'échec des politiques économiques et sociales ne peut être imputé à un seul acteur. Les institutions financières internationales, telles que le FMI et la Banque mondiale, ont largement contribué à cette dynamique. En privilégiant la stabilité macroéconomique et le respect strict des programmes d'ajustement structurel, elles ont souvent sous-estimé ou négligé les impacts sociaux de leurs interventions. La conséquence est une accentuation des inégalités, une précarisation des populations rurales et urbaines et la création de tensions locales qui entravent le développement durable.

Les États africains partagent également cette responsabilité. Bien que contraints par les programmes internationaux et les flux financiers mondiaux, certains choix nationaux ont limité la diversification économique et renforcé la dépendance aux exportations de matières premières. La faiblesse institutionnelle, la corruption et la gouvernance parfois déficiente ont aggravé les effets négatifs des réformes, réduisant la capacité de l'État à répondre aux besoins de ses citoyens. Ces facteurs ont contribué à créer un fossé entre les objectifs macroéconomiques et le bien-être concret des populations, fragilisant la légitimité des politiques publiques.

Enfin, les acteurs privés et les marchés mondiaux jouent un rôle déterminant dans cette répartition de responsabilités. Les multinationales et les investisseurs orientent les flux financiers et les décisions économiques vers des secteurs rentables ou stratégiques, souvent au détriment des besoins locaux. Cette influence indirecte oriente les politiques publiques et accentue la priorité donnée à la rentabilité économique plutôt qu'à la justice sociale et au développement humain. Les interactions complexes entre acteurs locaux et internationaux révèlent ainsi que le développement africain échoue souvent non par manque de ressources, mais en raison d'une coordination déficiente et d'intérêts divergents.

Cette analyse souligne que la responsabilité du développement raté est profondément partagée. Elle implique à la fois les institutions internationales, les États africains et les acteurs privés, et met en lumière la nécessité d'une approche concertée, transparente et centrée sur le bien-être des populations. Sans une réorganisation de cette gouvernance partagée, les initiatives de développement continueront de produire des résultats asymétriques, où la croissance économique ne se traduit pas par l'amélioration tangible des conditions de vie.

18.4 Conclusion du chapitre 18 : développement africain et interdépendance mondiale

Le développement raté en Afrique ne peut être appréhendé uniquement à travers une lecture nationale. Les phénomènes de pauvreté persistante, de migrations massives et d'insécurité sont intimement liés, formant un système de vulnérabilités interconnectées qui dépasse largement les frontières des États africains. Cette dynamique crée une interdépendance régionale et mondiale : les flux migratoires, les crises alimentaires et les instabilités politiques locales se répercutent sur les marchés mondiaux, les chaînes d'approvisionnement et la sécurité internationale. Comprendre cette interdépendance est essentiel pour envisager des solutions durables et justes, qui ne se limitent pas à des mesures ponctuelles ou nationales.

La responsabilité de ces échecs est partagée et fragmentée. Les États africains sont à la fois acteurs et victimes : leur gouvernance, leur capacité à diversifier l'économie et à protéger les populations influence directement l'impact des politiques internationales. Les institutions financières mondiales, par leurs programmes de financement, de conditionnalité et de libéralisation, orientent les choix économiques et structurent les priorités, parfois en contradiction avec les besoins locaux. Les acteurs privés et les marchés mondiaux renforcent ces logiques en privilégiant la rentabilité et les flux de capitaux au détriment des investissements sociaux et de la sécurité alimentaire. Cette répartition diffuse de responsabilités illustre la complexité de la gouvernance globale du développement africain.

Face à ces crises, les institutions de Bretton Woods ont tenté d'adapter leurs stratégies, notamment en abandonnant les programmes d'ajustement stricts au profit de nouvelles approches de réduction de la pauvreté et de soutien au développement. Ces initiatives cherchent à combiner assistance financière et renforcement des capacités nationales, mais leur impact reste limité et souvent ambigu. Elles oscillent entre soutien économique et maintien d'une influence sur les politiques nationales, illustrant la difficulté de corriger les déséquilibres structurels hérités des décennies de dépendance et de conditionnalité.

Ainsi, le défi central reste de transformer cette interdépendance en un levier de développement réel et équitable. Le chapitre suivant analysera ces nouvelles stratégies, leur mise en œuvre concrète sur le terrain et leur capacité à produire des effets tangibles sur la vie des populations africaines. Il s'agira d'évaluer dans quelle mesure ces politiques peuvent rompre avec le cercle vicieux de vulnérabilité, d'exclusion et d'injustice structurelle, et réinventer un modèle de développement centré sur la souveraineté, la dignité et le bien-être des citoyens.

19. Les réponses des institutions de Bretton Woods

Après plusieurs décennies de programmes d'ajustement structurel ayant engendré tensions sociales, inégalités et contestations, les institutions de Bretton Woods ont été contraintes de repenser leur approche. Le FMI et la Banque mondiale ont officiellement abandonné les PAS, introduisant des stratégies plus axées sur la réduction de la pauvreté et la viabilité de la dette. Ce repositionnement répond à la fois aux critiques académiques, aux mobilisations de la société civile et à la reconnaissance interne des effets sociaux négatifs des politiques antérieures.

Cependant, ces nouvelles initiatives restent marquées par des ambiguïtés et des limites structurelles. Derrière l'évolution du discours et des instruments, de nombreuses continuités subsistent dans les logiques de conditionnalité, de pilotage externe et d'évaluation des performances. Ce chapitre analyse ces réponses, leurs mécanismes, leurs effets concrets et leurs insuffisances, en portant une attention particulière aux pays pauvres très endettés (PPTE), qui représentent un laboratoire critique pour ces politiques révisées.

19.1 Abandon officiel des PAS

La fin des Programmes d'Ajustement Structurel représente un tournant symbolique dans l'histoire du développement africain. Les institutions financières internationales, confrontées aux critiques croissantes et aux preuves concrètes d'échec, ont reconnu que les PAS, bien qu'axés sur la rigueur économique et la stabilisation macroéconomique, avaient souvent aggravé la vulnérabilité sociale. Les crises alimentaires, les mouvements de contestation rurale et urbaine et la persistance de la pauvreté ont révélé les limites de cette approche centrée sur la discipline budgétaire, exposant un décalage profond entre croissance économique et bien-être réel des populations. Cette reconnaissance marque un moment où les institutions admettent que la simple conformité aux normes internationales ne garantit pas un développement durable et inclusif.

Dans ce contexte, la réorientation stratégique a cherché à introduire une dimension humaine dans l'action institutionnelle. Le discours officiel s'est progressivement tourné vers le développement humain, valorisant les indicateurs de pauvreté, d'éducation, de santé et de croissance inclusive. Cette évolution ne représente pas une rupture totale avec les objectifs antérieurs, car les contraintes macroéconomiques et la discipline budgétaire continuent de structurer les politiques publiques, mais elle traduit une volonté de prendre en compte l'impact social des programmes et de mieux intégrer les préoccupations des populations. L'enjeu devient alors de concilier stabilité économique et justice sociale dans des contextes marqués par des inégalités persistantes et des fragilités institutionnelles.

La communication institutionnelle a accompagné ce virage stratégique. Les rapports et déclarations de la Banque mondiale et du FMI ont insisté sur un « changement de paradigme », affirmant un engagement envers la réduction de la pauvreté et la promotion d'une croissance plus équitable. Toutefois, cette transition reste partielle : de nombreuses politiques anciennes persistent sous des formes adaptées, et les États africains continuent de subir des contraintes implicites en matière de gouvernance économique et de priorités budgétaires. Ce paradoxe illustre que l'abandon officiel des PAS n'a pas totalement libéré les marges de manœuvre nationales, mais constitue un point de départ pour repenser les instruments de soutien au développement et leur impact réel sur les populations.

Enfin, l'expérience de ces stratégies met en évidence un paradoxe central : même lorsque les besoins sociaux sont partiellement pris en compte, l'absence de réforme profonde des modèles économiques empêche de consolider ces progrès. La question de la durabilité, de la participation citoyenne et de l'appropriation locale des programmes devient alors essentielle pour envisager des politiques capables de réduire la pauvreté tout en renforçant la souveraineté et la résilience des États africains.

19.2 Stratégies de réduction de la pauvreté

Les nouvelles politiques post-PAS ont cherché à répondre de manière plus directe aux besoins sociaux et communautaires, en tentant de combler les lacunes laissées par les programmes d'ajustement stricts. Les Programmes de Réduction de la Pauvreté (PRP), accompagnés de projets communautaires financés par la Banque mondiale et d'autres bailleurs, visaient à améliorer l'accès à l'éducation, à la santé et aux infrastructures locales, tout en favorisant l'inclusion économique via la microfinance et le soutien aux petits entrepreneurs. Cette orientation traduit la volonté institutionnelle de montrer un engagement tangible envers le bien-être des populations, en ciblant les segments les plus vulnérables et en créant des opportunités de développement à l'échelle locale.

L'approche sectorielle a constitué le cœur de ces initiatives, privilégiant des interventions concrètes et visibles. La construction d'écoles et de dispensaires, les campagnes de vaccination, l'amélioration de l'accès à l'eau potable et le financement de petites entreprises locales ont permis de générer des effets sociaux immédiats. Ces actions ont contribué à renforcer la participation des communautés et à améliorer certaines conditions de vie, en particulier pour les populations rurales et marginalisées. Cependant, ces programmes restent souvent ponctuels et fragmentés, sans s'attaquer aux déséquilibres économiques structurels hérités des décennies de dépendance et d'ajustements imposés.

Les résultats observés sont donc mitigés. Si certains indicateurs sociaux ont connu des progrès – taux de scolarisation, couverture sanitaire, accès à des microcrédits – ces améliorations n'ont pas toujours été durables ni transformé les fondements économiques des pays bénéficiaires. La dépendance à l'égard des financements externes persiste, et les États continuent de subir des contraintes macroéconomiques qui limitent leur autonomie. Cette situation souligne la tension entre interventions ciblées, effets visibles à court terme et transformation structurelle nécessaire pour créer un développement réellement inclusif et durable.

Enfin, l'expérience de ces stratégies met en évidence un paradoxe central : même lorsque les besoins sociaux sont partiellement pris en compte, l'absence de réforme profonde des modèles économiques empêche d'ancrer ces progrès dans la durée. La question de la durabilité, de la participation citoyenne et de l'appropriation locale des programmes devient alors essentielle pour envisager des politiques capables de réduire la pauvreté tout en renforçant la souveraineté et la résilience des États africains.

19.3 Pays pauvres très endettés (PPTE)

L'initiative des Pays Pauvres Très Endettés (PPTE) a été conçue pour concilier la nécessité de réduire le fardeau de la dette et la promotion d'un développement social plus soutenable. Face à des pays jugés incapables d'honorer leurs obligations financières sans sacrifier les services sociaux essentiels, cette approche a permis une annulation partielle ou totale de certaines dettes, offrant ainsi un répit budgétaire significatif. Cette mesure symbolise la reconnaissance par les institutions financières internationales des limites des politiques antérieures et de la nécessité de préserver les capacités des États à investir dans l'éducation, la santé et les infrastructures de base, conditions indispensables pour un développement inclusif.

Cependant, cet allègement de la dette était loin d'être inconditionnel. Les pays bénéficiaires devaient mettre en œuvre des réformes structurelles et des programmes sociaux spécifiques, conformément aux prescriptions des créanciers internationaux. Cette conditionnalité a maintenu un contrôle indirect sur les politiques nationales, limitant l'autonomie des États et orientant les priorités budgétaires selon des critères externes. Les choix économiques restaient ainsi encadrés par des objectifs de discipline macroéconomique, de libéralisation et de restructuration administrative, ce qui a restreint la marge de manœuvre des gouvernements dans la définition de leurs propres stratégies de développement.

L'impact réel de l'initiative PPTE a été contrasté. Si certains pays ont bénéficié d'une amélioration des flux budgétaires et ont pu financer temporairement des programmes sociaux, les effets sur la transformation économique, notamment en matière de diversification productive, restent limités. Les structures productives et financières n'ont pas été fondamentalement remodelées, et la dépendance à l'égard des financements externes demeure, illustrant que l'allègement de la dette, sans réforme profonde des modèles économiques et des capacités institutionnelles, ne suffit pas à générer un développement autonome et durable.

Enfin, l'expérience des PPTE révèle un paradoxe persistant : ces programmes visent à protéger les populations les plus vulnérables et à renforcer la soutenabilité de la dette, mais en imposant des cadres normatifs et des conditions externes, ils reproduisent des formes de dépendance et limitent la souveraineté économique. La question centrale reste donc celle de l'efficacité de ces mécanismes pour concilier allègement de la dette, développement social et autonomie nationale, enjeu qui restera au cœur des débats sur la réforme du système financier international.

19.4 Limites et ambiguïtés

Bien que le discours officiel ait évolué, traduisant un passage symbolique de l'« ajustement structurel » à la « réduction de la pauvreté », les tensions et contradictions fondamentales demeurent. Le changement de vocabulaire ne s'accompagne pas d'une rupture totale avec les politiques antérieures : les contraintes budgétaires, les impératifs de discipline macroéconomique et les exigences de réforme structurelle restent au cœur des décisions financières et institutionnelles. Cette continuité montre que le développement humain est encore fortement encadré par des logiques de conformité aux normes internationales, limitant la portée réelle des politiques sociales et des programmes communautaires.

L'asymétrie de pouvoir entre États africains et institutions internationales reste un élément central. Malgré la mise en avant de programmes sociaux et de stratégies de réduction de la pauvreté, les pays bénéficiaires restent dépendants des financements extérieurs et des recommandations des bailleurs de fonds. Les marges de manœuvre nationales restent étroites, et les décisions stratégiques, qu'elles concernent l'allocation budgétaire, la fiscalité ou les priorités économiques, continuent d'être influencées par des critères externes. Cette situation révèle que la souveraineté réelle des États n'a pas été rétablie, même dans le cadre d'initiatives présentées comme davantage centrées sur le développement.

Les effets sociaux de ces politiques restent également inégaux. Si certains programmes ciblés ont permis des améliorations ponctuelles dans l'accès à l'éducation, la santé ou aux microcrédits, ces interventions ne modifient pas les structures économiques et sociales sous-jacentes. Les inégalités persistent entre régions, populations rurales et urbaines, jeunes et femmes, ainsi que parmi les différentes couches sociales. L'approche, centrée sur des projets ponctuels et souvent fragiles, ne remplace pas une transformation systémique des économies africaines, ni ne garantit la durabilité des progrès sociaux.

Enfin, ces limites mettent en lumière un paradoxe central : les institutions internationales cherchent à démontrer un engagement en faveur du développement et de la réduction de la pauvreté, tout en maintenant des mécanismes de contrôle et de conditionnalité. Cette ambiguïté reflète la difficulté de concilier la stabilisation macroéconomique, le développement social et l'autonomie des États africains, soulignant que les réformes apparentes ne garantissent pas nécessairement un changement structurel profond ni une souveraineté retrouvée.

19.5 Conclusion du chapitre 19 : réformes, promesses et ambiguïtés

La fin officielle des Programmes d'Ajustement Structurel et l'introduction des initiatives PPTE marquent un tournant symbolique dans les politiques internationales à l'égard de l'Afrique. Elles traduisent la reconnaissance, par les institutions de Bretton Woods, des limites des PAS et des conséquences sociales négatives qu'elles ont générées. Ces réformes affichent un objectif de développement humain plus explicite, intégrant la réduction de la pauvreté, l'accès aux services essentiels et l'amélioration des infrastructures locales. Dans certaines régions et pour certaines populations, ces changements ont produit des améliorations concrètes, telles que l'augmentation de la scolarisation, l'accès à l'eau potable ou le financement de petites entreprises, démontrant que les stratégies ciblées peuvent avoir un impact social positif.

Cependant, ces progrès restent partiels et inégalement répartis. Les initiatives PPTE et les Programmes de Réduction de la Pauvreté ne modifient pas fondamentalement les structures économiques et sociales qui avaient rendu les PAS problématiques. Les États africains conservent une dépendance importante vis-à-vis des financements extérieurs et restent soumis à des contraintes budgétaires et institutionnelles strictes. Les réformes structurelles exigées comme condition de l'allègement de la dette continuent de limiter la marge de manœuvre nationale, ce qui freine la souveraineté réelle et la capacité des gouvernements à concevoir des stratégies de développement adaptées aux besoins locaux.

Cette situation crée un paradoxe : malgré la reconnaissance officielle des échecs passés et les promesses de nouvelles orientations centrées sur le développement humain, les populations et la société civile conservent un scepticisme marqué envers les institutions internationales. La défiance est renforcée par la mémoire des promesses non tenues et par la persistance de contraintes invisibles mais structurantes qui continuent de peser sur la vie économique et sociale. Les sociétés africaines, conscientes de cette ambiguïté, restent vigilantes et critiques, évaluant les changements non seulement sur la base des discours institutionnels, mais surtout à travers leur impact concret et durable sur le terrain.

Enfin, ce bilan souligne que la réforme des approches internationales ne peut se limiter à des ajustements techniques ou à des changements de terminologie. Pour restaurer confiance et légitimité, il est nécessaire d'articuler les interventions sociales et économiques avec une véritable transformation structurelle, garantissant à la fois autonomie nationale, durabilité des progrès et réduction effective des inégalités. Le chapitre suivant explorera cette défiance persistante, en analysant comment elle s'exprime dans les perceptions populaires, les mobilisations sociales et la mémoire collective des populations africaines, et en questionnant la capacité réelle des institutions internationales à incarner un développement crédible et équitable.

20. Pourquoi la défiance persiste

Malgré les réformes et les nouvelles stratégies introduites par le FMI et la Banque mondiale, la défiance à l'égard des institutions de Bretton Woods demeure profondément enracinée dans le tissu africain. Cette méfiance ne relève pas simplement d'une perception négative : elle s'appuie sur des décennies de mémoire collective marquée par des échecs répétés, des promesses non tenues et la continuité implicite de contraintes structurelles, même lorsque le vocabulaire officiel change. L'expérience accumulée des politiques d'ajustement et de leurs prolongements nourrit ainsi un sentiment durable de distance entre les discours institutionnels et les réalités vécues.

Au fil du temps, cette défiance s'est construite et transmise au sein des sociétés africaines, dépassant le seul cadre des élites politiques pour toucher les populations directement affectées par les réformes. Les transformations annoncées, souvent présentées comme des ruptures, sont fréquemment perçues comme des reconfigurations formelles qui laissent intactes les logiques de conditionnalité et de contrôle externe. Cette impression de continuité renforce l'idée d'un système peu sensible aux contextes locaux et aux priorités sociales.

Ce chapitre examine les racines et les dimensions de cette défiance, en combinant analyses historiques, observations contemporaines et témoignages concrets des sociétés africaines. Il cherche à comprendre comment s'articulent héritage institutionnel, expériences sociales et représentations collectives, afin d'éclairer les raisons pour lesquelles, malgré les ajustements de discours et de méthodes, la confiance ne s'est pas rétablie.

20.1 Mémoire des échecs

La mémoire des Programmes d'Ajustement Structurel (PAS) des années 1980 et 1990 continue de peser sur la perception des institutions internationales et des politiques de développement en Afrique. Ces programmes, conçus pour stabiliser les économies et favoriser la croissance macroéconomique, ont imposé des réformes drastiques telles que la réduction des dépenses publiques, la privatisation des services sociaux et la dérégulation de secteurs stratégiques. Dans la pratique, ces mesures ont fragilisé les systèmes de santé et d'éducation, limité l'accès aux services essentiels et affaibli les infrastructures locales, générant des conséquences sociales durables qui perdurent encore aujourd'hui. Les effets ont été particulièrement sévères pour les populations les plus vulnérables, accentuant les inégalités et renforçant la précarité quotidienne.

Cette expérience a profondément marqué la confiance des citoyens et des gouvernements africains à l'égard des institutions internationales. Les populations se rappellent des augmentations brutales des prix des services de base, de la diminution des protections sociales et de l'accroissement des pressions économiques sur les ménages. Les États, quant à eux, ont souvent été contraints de mettre en œuvre ces mesures malgré l'opposition sociale et le manque d'adhésion locale, ce qui a renforcé la perception d'un développement imposé de l'extérieur, déconnecté des réalités locales et des priorités nationales. Ce sentiment de défiance reste un héritage important dans l'évaluation des politiques actuelles de réduction de la pauvreté ou de réforme structurelle.

La mémoire des échecs des PAS se transmet également de manière intergénérationnelle et collective. Les récits familiaux, les témoignages des communautés et la documentation institutionnelle créent une conscience partagée de ce que signifie subir des réformes imposées par des acteurs extérieurs. Cette mémoire contribue à un esprit critique et vigilant vis-à-vis des nouvelles initiatives de développement, qu'elles soient promues par le FMI, la Banque mondiale ou d'autres bailleurs de fonds internationaux. Elle façonne également les attentes des populations, qui évaluent désormais les politiques à travers le prisme de l'impact concret sur leur vie quotidienne et de la durabilité des progrès sociaux, au-delà des discours officiels et des indicateurs macroéconomiques.

Enfin, cette mémoire des échecs n'est pas seulement un héritage négatif : elle constitue un socle pour le développement d'une citoyenneté critique et informée. Elle permet aux sociétés africaines de poser des exigences en termes de transparence, de participation et d'imputabilité dans la définition des politiques publiques et des programmes internationaux. Les nouvelles générations, conscientes des erreurs du passé, utilisent cette mémoire pour questionner les interventions externes, renforcer la résilience locale et revendiquer un développement réellement centré sur les besoins et les aspirations des populations.

20.2 Promesses non tenues

Les stratégies ultérieures aux PAS, notamment les Programmes de Réduction de la Pauvreté (PRP) et les initiatives de type PPTE, ont été présentées comme des ruptures visant à replacer le développement humain au centre des politiques internationales. Cependant, ces promesses ont souvent été perçues comme partielles et insuffisamment concrètes sur le terrain. Les PRP, bien qu'orientés vers l'éducation, la santé, l'accès à l'eau et le soutien aux microentreprises, ont été fragmentaires et limitées par des contraintes budgétaires et structurelles persistantes. Les populations, confrontées aux réalités quotidiennes de pauvreté et de vulnérabilité, ont ainsi continué à éprouver un décalage entre les discours institutionnels et leur vécu, renforçant un scepticisme durable.

Les initiatives d'allégement de la dette, telles que les programmes PPTE, ont apporté un soulagement budgétaire limité pour certains pays jugés « incapables de rembourser ». Toutefois, ces mesures étaient conditionnées à la mise en œuvre de réformes structurelles et à des programmes sociaux spécifiques, maintenant un contrôle indirect des institutions internationales sur les politiques nationales. Par conséquent, si les États bénéficiaires ont pu redéployer certains fonds vers des services sociaux, l'impact réel sur les populations a souvent été restreint. Les bénéfices économiques et sociaux, bien qu'existants à petite échelle, n'ont pas permis de rompre la dépendance historique envers les bailleurs de fonds ni de transformer profondément les structures économiques locales.

Cette situation a accentué la perception d'un décalage permanent entre promesses et réalisations concrètes. Les communications institutionnelles, en insistant sur les « succès » et le « changement de paradigme », ont parfois renforcé le sentiment d'inadéquation entre le discours officiel et la réalité vécue par les citoyens. Les populations observent que les améliorations restent souvent symboliques ou limitées à certaines zones géographiques, alors que les fragilités structurelles, la pauvreté et les inégalités persistent. Cette dissonance nourrit une défiance durable envers les stratégies de développement externes et alimente la mémoire critique des échecs passés.

Enfin, l'écart entre promesses et résultats a des effets profonds sur la légitimité des politiques internationales et sur la capacité des États à mobiliser leurs citoyens autour de projets de transformation. La perception d'incohérence et d'inefficacité contribue à renforcer le besoin de vigilance et de participation citoyenne, encourageant les populations à réclamer une meilleure transparence et à contester les interventions qui ne correspondent pas à leurs besoins réels. Cette dynamique de scepticisme et de critique devient ainsi un moteur potentiellement constructif pour repenser la manière dont le développement peut être conçu et mis en œuvre, en tenant compte du vécu concret des populations.

20.3 Continuité sous changement de vocabulaire

Le simple remplacement des termes « ajustement structurel » par des expressions telles que « réduction de la pauvreté » ou « allègement de la dette » a souvent été perçu comme superficiel par les populations et les gouvernements africains. Ce changement terminologique suggérait une rupture avec les échecs passés et la prise en compte des besoins sociaux et humains, mais il ne s'accompagnait pas de transformations structurelles profondes. Ainsi, malgré le nouveau vocabulaire, les dynamiques de dépendance et de contrainte économique sont restées largement inchangées, donnant l'impression que le changement n'était que rhétorique, sans rupture réelle avec les pratiques antérieures.

Les mécanismes de contrôle, qui avaient été centraux dans les PAS, ont été largement maintenus. Les conditionnalités liées à l'octroi de fonds, la surveillance institutionnelle des politiques nationales et l'exigence de discipline budgétaire ont perduré sous de nouvelles appellations. Cette continuité implicite a limité l'autonomie réelle des États africains et a prolongé la dépendance à l'égard des institutions internationales. Même lorsque des ressources supplémentaires étaient allouées aux programmes sociaux ou à la réduction de la pauvreté, elles restaient encadrées par des critères définis à l'extérieur, restreignant la capacité des gouvernements à prioriser selon les besoins locaux et renforçant une forme de tutelle économique indirecte.

Au niveau social et politique, cette continuité invisible a renforcé la défiance des populations et des acteurs de la société civile. Les citoyens, attentifs aux résultats tangibles plutôt qu'aux discours institutionnels, ont constaté que les contraintes structurelles persistantes limitaient l'impact concret des programmes de développement. Derrière les nouvelles terminologies, les orientations économiques fondamentales, la logique de marché et le rôle dominant des bailleurs de fonds restaient intacts. Cette perception alimente une mémoire collective critique, qui nourrit la vigilance et la mobilisation citoyenne, soulignant que le langage seul ne peut restaurer la confiance sans transformations effectives des pratiques et des structures économiques.

Enfin, cette continuité sous changement de vocabulaire illustre une tension centrale dans le développement africain : la nécessité pour les institutions internationales de concilier objectifs macroéconomiques et attentes sociales réelles, tout en répondant à la demande croissante de souveraineté et d'autonomie. La reconnaissance de ce décalage constitue une étape essentielle pour repenser les stratégies de coopération, en plaçant enfin les besoins et la participation des populations au cœur des politiques de développement.

20.4 Conclusion du chapitre 20 : défiance et héritage institutionnel

La défiance envers les institutions de Bretton Woods ne relève pas d'un simple scepticisme passager, mais constitue le produit d'un héritage institutionnel et social profondément enraciné. Les populations africaines et les gouvernements ont été témoins, pendant plusieurs décennies, des effets concrets des Programmes d'Ajustement Structurel : réduction brutale des dépenses publiques, privatisation des services essentiels et dérégulation économique. Ces expériences ont laissé des séquelles tangibles dans les systèmes de santé, d'éducation et d'infrastructures, générant une vulnérabilité durable et une mémoire collective critique. Cette défiance est ainsi nourrie à la fois par l'histoire des échecs et par la perception que les stratégies ultérieures, malgré un vocabulaire révisé, ne remettent pas en cause les mécanismes fondamentaux de contrôle et de dépendance.

Même lorsque le discours institutionnel met en avant la « réduction de la pauvreté » ou l'« allègement de la dette », la continuité implicite des contraintes économiques et des conditionnalités maintient la méfiance. Les États africains restent dépendants des décisions externes, et la souveraineté réelle demeure limitée. Cette situation crée un décalage entre les promesses de transformation et la réalité perçue par les citoyens, accentuant le sentiment d'injustice et renforçant la vigilance des acteurs locaux et de la société civile. La défiance devient alors un élément constitutif du rapport entre les sociétés africaines et les institutions internationales, influençant la manière dont les nouvelles politiques sont reçues et mises en œuvre.

Comprendre cette défiance est indispensable pour envisager des alternatives crédibles. Elle souligne que le développement ne peut se contenter de réformes cosmétiques ou de programmes ponctuels, mais doit reposer sur des stratégies endogènes, adaptées aux contextes locaux, valorisant les ressources et les talents africains. L'intégration des besoins réels des populations, la participation citoyenne et la priorisation des investissements sociaux deviennent des conditions essentielles pour rétablir la confiance et garantir la durabilité des initiatives de développement.

Enfin, ce constat prépare le terrain pour l'exploration de modèles alternatifs de développement. Il s'agit de réfléchir à un développement africain capable de conjuguer autonomie, résilience économique et justice sociale, tout en réaffirmant la capacité des États à orienter leurs priorités économiques et sociales de manière indépendante. Le chapitre suivant analysera ces pistes, en mettant l'accent sur les approches endogènes, les stratégies locales d'autonomisation et les leviers permettant de reconnecter le développement aux besoins et aux aspirations concrètes des populations africaines.

21. Développement endogène : souveraineté, ressources et autonomie

Face à des décennies de dépendance, de programmes imposés et de contraintes externes, l'Afrique est aujourd'hui confrontée à un défi central : comment construire un développement véritablement autonome et durable. La défiance envers les institutions de Bretton Woods, héritage d'échecs répétés et de promesses non tenues, souligne l'urgence de repenser les modèles de croissance et de gouvernance. Cette interrogation dépasse la simple critique des politiques passées pour poser la question fondamentale de la capacité des États africains à définir eux-mêmes leurs priorités économiques et sociales.

Dans un contexte marqué par la persistance des inégalités, la vulnérabilité aux chocs extérieurs et la dépendance aux financements internationaux, l'idée de développement endogène s'impose comme une alternative stratégique. Elle invite à rompre avec les approches uniformisées et à reconnaître la diversité des trajectoires nationales, des ressources disponibles et des dynamiques sociales propres à chaque pays. Le développement n'est alors plus conçu comme l'application de recettes importées, mais comme un processus ancré dans les réalités locales et porté par des choix politiques assumés.

Ce chapitre explore les principes et les voies possibles du développement endogène, fondé sur la souveraineté nationale, la valorisation des ressources locales, le capital humain et les besoins réels des populations. Il met en lumière les conditions nécessaires pour renforcer l'autonomie économique des États africains, redonner un rôle central à l'investissement social et restaurer la capacité publique à orienter le développement. L'enjeu est de penser un modèle capable de transformer la dépendance structurelle en levier de résilience et d'initiative, tout en réinscrivant l'Afrique comme actrice à part entière de son avenir.

21.1 Souveraineté et orientation des priorités nationales

La souveraineté économique et politique constitue le socle indispensable du développement endogène et durable. Elle permet aux États africains de définir leurs propres trajectoires de croissance, en orientant les investissements et les réformes selon les besoins concrets des populations. Dans ce cadre, redéfinir les priorités nationales devient central : il s'agit de choisir les secteurs stratégiques, d'identifier les filières porteuses pour l'emploi et la sécurité alimentaire, et de planifier les politiques économiques en tenant compte des spécificités locales. Cette approche contraste fortement avec les modèles imposés de l'extérieur, où les décisions sont souvent dictées par des institutions internationales ou des investisseurs privés, avec peu de prise en compte des réalités sociales et culturelles africaines.

L'autonomie décisionnelle constitue le second pilier de cette souveraineté. En réduisant la dépendance aux prêts conditionnés et aux orientations externes, les États peuvent concilier croissance économique et justice sociale, tout en adaptant les politiques publiques aux contextes locaux. Cela implique une planification budgétaire responsable, une priorisation des investissements dans les secteurs essentiels et une capacité à arbitrer entre besoins immédiats et stratégies de long terme. La souveraineté ne se limite donc pas à la formalité institutionnelle : elle se traduit par la capacité effective de décider, d'expérimenter et d'ajuster les politiques sans contraintes imposées par des acteurs externes.

Des exemples concrets montrent que cette souveraineté est réalisable, même dans un contexte mondial contraignant. Certains pays africains ont démontré qu'une gouvernance proactive, fondée sur des plans nationaux cohérents et intégrant l'éducation, la formation professionnelle, l'agriculture locale et la création d'emplois, pouvait produire des résultats tangibles. Ces initiatives illustrent qu'il est possible d'aligner les politiques économiques sur les besoins réels des populations, en générant des impacts durables malgré les pressions financières et les contraintes extérieures.

Enfin, la souveraineté et l'orientation des priorités nationales ne sont pas seulement des questions techniques ou économiques : elles sont profondément politiques et sociales. Elles conditionnent la légitimité des gouvernements, la confiance des citoyens et la capacité des sociétés africaines à mobiliser leurs ressources internes. Assurer cette autonomie décisionnelle est donc un préalable pour construire un développement réellement inclusif et résilient, capable de rompre avec les modèles d'ajustement imposés et de replacer les populations au cœur des stratégies nationales.

21.2 Valorisation des ressources locales

La valorisation des ressources locales constitue un levier stratégique pour l'autonomie économique et le développement endogène. Les richesses naturelles, telles que les minéraux, l'or, le cacao ou les ressources énergétiques, offrent un potentiel considérable pour financer les politiques publiques et les investissements locaux. Toutefois, leur mobilisation efficace nécessite de rompre avec les pratiques historiques de captation par des multinationales et d'extraction orientée vers l'exportation, qui privent les sociétés africaines des bénéfices de leurs propres ressources. Assurer une gouvernance transparente, des régulations fiscales justes et des partenariats équitables est donc essentiel pour transformer ces richesses en vecteurs de croissance durable et inclusif.

Le capital humain et les talents locaux représentent le second pilier de cette stratégie. L'investissement dans l'éducation, la formation technique et professionnelle, ainsi que dans la valorisation des compétences endogènes, permet de créer des chaînes de valeur locales et de renforcer la souveraineté économique. En mobilisant les savoir-faire locaux, les États peuvent réduire leur dépendance aux experts externes, stimuler l'emploi et encourager l'entrepreneuriat national. De plus, une main-d'œuvre qualifiée et adaptable constitue un atout stratégique face à la concurrence internationale et aux fluctuations économiques globales.

L'innovation et l'adaptation constituent un troisième levier essentiel. L'agroécologie, les technologies appropriées aux contextes africains, et le développement d'industries locales permettent non seulement d'améliorer la productivité, mais aussi de renforcer la résilience face aux chocs externes, qu'ils soient financiers, climatiques ou commerciaux. Encourager la recherche appliquée locale et les solutions technologiques adaptées aux réalités économiques, environnementales et culturelles des territoires africains favorise un modèle de croissance inclusif, durable et autonome.

Ainsi, la valorisation des ressources locales ne se limite pas à l'exploitation économique : elle articule exploitation raisonnée des richesses naturelles, renforcement du capital humain et promotion de l'innovation endogène. En combinant ces trois dimensions, les pays africains peuvent poser les fondations d'un développement durable, capable de générer des bénéfices réels pour leurs populations tout en réduisant la dépendance aux financements et aux orientations externes.

21.3 Investissement social et inclusion

L'investissement social constitue un pilier central du développement endogène, car il place l'humain au cœur des priorités économiques et stratégiques. Les services essentiels tels que la santé, l'éducation, les infrastructures de base et l'accès à l'eau potable ne doivent pas être considérés comme de simples dépenses, mais comme des leviers de transformation sociale et économique. Des populations en bonne santé et correctement éduquées sont mieux à même de participer à la vie économique, de créer des initiatives locales et de contribuer à la stabilité politique. La planification des investissements sociaux doit donc viser à maximiser l'impact direct sur le bien-être des citoyens tout en renforçant la cohésion nationale.

La réduction des inégalités constitue un second axe fondamental. Les politiques publiques doivent s'attaquer aux écarts régionaux, économiques et sociaux, en veillant à intégrer les femmes, les jeunes et les habitants des zones rurales dans les programmes de développement. L'inclusion sociale ne se limite pas à des mesures symboliques : elle suppose des mécanismes de redistribution équitables, la promotion de l'égalité des chances et le soutien aux initiatives locales. Ces interventions contribuent à casser les cycles de pauvreté, à renforcer la confiance dans l'action publique et à stimuler la participation active des citoyens au processus de développement.

La participation citoyenne complète ce dispositif en garantissant légitimité et efficacité des politiques. Impliquer les communautés dans la planification, la mise en œuvre et le suivi des projets sociaux permet de mieux répondre aux besoins réels des populations, de réduire les gaspillages et de prévenir les dysfonctionnements liés à une gouvernance centralisée. Cette approche participative favorise également la transparence, renforce la responsabilité des autorités locales et permet de développer un sentiment d'appropriation collective des projets, moteur essentiel pour la durabilité des interventions.

Ainsi, l'investissement social et l'inclusion ne sont pas des objectifs secondaires : ils constituent des instruments stratégiques pour construire un développement africain durable, centré sur les populations, capable de combiner justice sociale, croissance économique et cohésion nationale.

21.4 Capacité de l'État à financer le développement

La capacité de l'État à financer le développement constitue un facteur déterminant pour garantir un développement endogène et durable. Elle repose avant tout sur la planification stratégique et la coordination des acteurs économiques et sociaux. Les gouvernements doivent définir des objectifs clairs, identifier les priorités nationales et organiser les ressources internes — fiscales, naturelles et humaines — de manière cohérente. Cette planification permet non seulement de cibler les investissements publics sur les secteurs les plus impactants, mais aussi de créer des synergies entre initiatives publiques et privées, renforçant ainsi l'efficacité des politiques de développement.

La protection et le soutien des filières locales constituent un autre levier essentiel. Les États peuvent mettre en place des politiques tarifaires, fiscales et réglementaires intelligentes pour soutenir l'agriculture vivrière, encourager l'industrie locale et préserver les chaînes de valeur nationales. En renforçant la compétitivité des productions locales, les États réduisent la vulnérabilité face aux chocs extérieurs et limitent la dépendance aux importations. Cette approche contribue également à stabiliser les revenus ruraux, à sécuriser l'emploi et à renforcer la résilience économique face aux fluctuations des marchés internationaux.

La réduction de la dépendance extérieure complète la capacité de l'État à financer le développement de manière autonome. Construire des mécanismes de financement internes — par exemple la mobilisation efficace de l'impôt, le développement de systèmes de crédit locaux et la valorisation des ressources nationales — permet de limiter l'impact des conditionnalités et de l'ingérence des institutions internationales. Cette autonomie financière accroît la marge de manœuvre des gouvernements pour arbitrer entre investissements sociaux, infrastructures stratégiques et soutien aux secteurs productifs, tout en renforçant la souveraineté économique et politique.

Ainsi, la capacité de l'État à financer le développement ne se limite pas à la simple collecte de ressources : elle implique une vision stratégique, une coordination efficace, la protection des filières locales et l'autonomie face aux pressions externes, conditions indispensables pour un développement africain véritablement endogène et durable.

21.5 Conclusion du chapitre 21 : vers un modèle africain de développement autonome et durable

Le développement endogène africain repose sur des piliers complémentaires et indissociables : la souveraineté nationale, la valorisation des ressources locales et l'investissement social. La souveraineté permet aux États de définir leurs priorités stratégiques, d'orienter les politiques économiques selon les besoins réels des populations et de protéger les secteurs clés de l'économie. La valorisation des ressources naturelles et humaines vise à faire en sorte que la croissance profite directement aux sociétés locales, tout en limitant la dépendance structurelle aux capitaux, aux technologies et aux prescriptions externes. L'investissement social, enfin, garantit que la croissance économique se traduise par une amélioration tangible des conditions de vie, un renforcement de la cohésion sociale et une reconnaissance effective de la dignité des citoyens. Ensemble, ces dimensions constituent le socle d'un modèle africain capable de concilier développement économique, justice sociale et résilience à long terme.

Ce modèle endogène propose une alternative crédible aux approches dominantes imposées par les institutions internationales, souvent centrées sur la stabilité macroéconomique et les équilibres financiers, au détriment des impacts sociaux et territoriaux. En replaçant les besoins des populations au cœur des stratégies de développement, il articule croissance économique, résilience des systèmes locaux et souveraineté politique. L'État y joue un rôle central, non comme acteur omnipotent, mais comme garant de la souveraineté économique et sociale, capable de stimuler les initiatives privées et collectives tout en assurant la protection intelligente des marchés, la souveraineté alimentaire et industrielle, et l'investissement dans les secteurs stratégiques.

Pour passer de la théorie à la pratique, ce modèle suppose la mise en œuvre de stratégies concrètes et cohérentes : élaboration de plans de développement nationaux intégrés, soutien structuré aux filières locales, renforcement des capacités de financement interne, et inclusion effective des citoyens dans la planification, le suivi et l'évaluation des politiques publiques. Ces leviers permettent de transformer la souveraineté et la valorisation des ressources en résultats tangibles, de consolider la confiance des populations et de renforcer la légitimité des États dans leurs choix de développement. Ils offrent également les bases d'une croissance durable, moins vulnérable aux chocs externes et mieux ancrée dans les réalités sociales et territoriales.

À ce stade de l'analyse, il devient possible de tirer les enseignements majeurs de l'ensemble du parcours proposé, d'identifier les dynamiques structurelles à l'œuvre et de mettre en perspective les échecs, les contraintes, mais aussi les marges de manœuvre encore disponibles. La synthèse finale de l'ouvrage s'attachera ainsi à proposer une lecture intégrée et stratégique des relations entre l'Afrique et les institutions de Bretton Woods, en montrant comment les pays africains peuvent conjuguer autonomie stratégique, justice sociale et croissance économique, et en esquissant les contours d'un modèle de développement réellement endogène, durable et inclusif.

22. Synthèse Générale : enseignements et perspectives

Après un long parcours analytique retraçant l'histoire, les stratégies et les impacts des institutions de Bretton Woods sur le développement africain, il apparaît nécessaire de rassembler les enseignements majeurs. Cette synthèse vise à offrir au lecteur une vision intégrée, mettant en lumière les continuités et les ruptures, les promesses non tenues et les opportunités de transformation. L'objectif est de clarifier le fil conducteur de l'ouvrage, en articulant histoire, politique, économie et société, pour proposer une lecture complète et structurée du développement africain dans le contexte global.

1. Dynamiques historiques et institutionnelles

- **Naissance de Bretton Woods et mission initiale** : créé après la Seconde Guerre mondiale, le système de Bretton Woods visait à stabiliser les économies industrialisées, reconstruire les infrastructures et favoriser la coopération monétaire internationale. L'Afrique, encore colonisée pour une grande partie, n'était alors qu'un acteur secondaire dans ces équilibres.
- **Entrée de l'Afrique dans le système** : avec les vagues de décolonisation des années 1960, les États africains nouvellement indépendants ont cherché à accéder aux financements internationaux. Les premiers rapports avec le FMI et la Banque mondiale étaient empreints d'espoir, mais marqués par une dépendance structurelle.

- **Tournant des années 1980** : les crises de la dette ont conduit à l'imposition des Programmes d'Ajustement Structurel (PAS), illustrant le triomphe d'un modèle néolibéral standardisé, souvent inadapté aux réalités locales. Cette période marque le début d'une tension durable entre stabilisation macroéconomique et développement inclusif.

2. Impacts économiques et sociaux

- **Stabilisation macroéconomique** : certains indicateurs officiels, tels que l'inflation et les déficits budgétaires, ont montré des améliorations. Toutefois, ces succès restent partiels, car ils n'ont pas suffi à générer une prospérité partagée.
- **Coût social des PAS** : les politiques de privatisation, la marchandisation de la santé et de l'éducation, ainsi que la réduction des subventions agricoles, ont fragilisé les populations, alimenté l'exode rural et accentué les inégalités.
- **Pays modèles et paradoxes** : le Ghana, souvent présenté comme un « élève modèle », illustre le paradoxe de la réussite macroéconomique sans transformation sociale durable. La discipline budgétaire et l'image internationale n'ont pas assuré la sécurité alimentaire ni l'amélioration des conditions de vie.
- **Ressources naturelles et inégalités structurelles** : malgré un potentiel considérable en or, cacao et autres ressources, la concentration des bénéfices entre acteurs internationaux et minorités locales a maintenu une pauvreté persistante, accentuée par des règles commerciales internationales asymétriques.

3. Gouvernance et prise de décision

- **Déplacement du centre de décision** : le développement n'est plus seulement l'affaire des États africains. FMI, Banque mondiale et investisseurs privés exercent une influence majeure sur les politiques économiques, orientant les choix nationaux et limitant la souveraineté.
- **Responsabilité diluée et imputabilité absente** : les décisions qui impactent les populations sont souvent prises par des acteurs externes, sans mécanismes de reddition de comptes locaux, nourrissant défiance et sentiment d'injustice.
- **Mémoire des échecs et continuité sous changement de vocabulaire** : même lorsque le langage institutionnel évolue (« réduction de la pauvreté », « PPTE »), les mécanismes de contrôle persistent, renforçant la défiance et la perception de continuité des contraintes.

4. Perspectives et alternatives

- **Développement endogène** : l'État doit redevenir le pilote stratégique du développement, en protégeant les filières locales, en investissant dans le capital humain et en définissant des priorités économiques et sociales adaptées aux besoins réels.
- **Afrique comme actrice** : la capacité du continent à mobiliser ses ressources naturelles, ses talents et ses institutions est essentielle pour réduire la dépendance et construire un modèle de croissance durable et inclusif.
- **Vers un nouveau pacte économique mondial** : l'Afrique doit s'inscrire dans des rapports de force

internationaux plus équilibrés, en négociant des règles commerciales et financières plus justes et en revendiquant sa place dans la gouvernance mondiale.

5. Synthèse et fil conducteur

L'analyse intégrée révèle une constante : les institutions de Bretton Woods ont souvent stabilisé les économies africaines sans générer de prospérité durable ni réduire la vulnérabilité sociale. Dépendance, fragilité et exclusion persistent malgré les réformes successives et les stratégies de réduction de la pauvreté.

La synthèse met en évidence la nécessité d'un changement de paradigme : l'Afrique doit devenir actrice de son développement, capable de transformer ses défis en opportunités et de définir ses priorités en fonction de ses besoins, de sa souveraineté et de la dignité de ses populations.

Cette conclusion prépare naturellement le terrain pour la *conclusion générale de l'ouvrage*, qui synthétisera l'ensemble des analyses, évaluera les implications pour l'avenir du développement africain et proposera des perspectives audacieuses pour un système économique mondial plus juste et équitable.

23. Conclusion Générale : L'Afrique au centre de son développement

Au terme de cette analyse approfondie des institutions de Bretton Woods et de leur impact sur le développement africain, il est essentiel de revenir sur le fil conducteur de l'ouvrage et de tirer des enseignements majeurs. Cette conclusion ne se limite pas à un résumé : elle évalue le passé, interroge le présent et esquisse des perspectives pour un futur où l'Afrique n'est plus simple bénéficiaire, mais actrice souveraine de son destin économique et social.

1. Développer autrement ou répéter l'histoire

L'expérience africaine avec le FMI et la Banque mondiale révèle un double constat :

- **Stabilisation économique et programmes d'ajustement** : ces instruments ont parfois évité l'effondrement financier et amélioré certains indicateurs macroéconomiques, offrant une apparence de réussite technique.
- **Persistances des fragilités** : pauvreté, exclusion sociale, dépendance structurelle et perte de souveraineté montrent que la répétition des mêmes modèles ne produit pas un développement réel et inclusif.

Cette leçon historique souligne l'urgence de concevoir des alternatives endogènes, fondées sur les besoins, les talents et les ressources locales, et permettant de rompre avec la simple réception de politiques imposées de l'extérieur.

2. Synthèse des enseignements

Plusieurs constats majeurs se dégagent :

- **Histoire et institutions** : Bretton Woods a été conçu pour stabiliser l'économie mondiale post-Seconde Guerre mondiale, non pour répondre aux besoins spécifiques de l'Afrique.
- **Coût social et inégalités** : les PAS ont aggravé la précarité, renforcé l'exode rural et accentué les fractures sociales, malgré des indicateurs macroéconomiques positifs.
- **Rôle central de l'État** : le développement endogène repose sur un État stratège, capable de combiner protection intelligente des marchés et investissements sociaux structurants.
- **Responsabilité et décision** : recentrer la prise de décision sur les populations africaines et assurer une véritable imputabilité est indispensable pour restaurer légitimité et confiance.

3. Réponse nuancée à la problématique

La question centrale de l'ouvrage – le FMI et la Banque mondiale ont-ils favorisé le développement africain ou produit une stabilité sans prospérité ? – appelle une réponse nuancée :

- Les institutions ont fourni une stabilité économique, mais leur impact sur un développement durable et inclusif reste limité.

- Les succès techniques et financiers n'ont pas toujours été accompagnés d'améliorations tangibles pour la majorité des populations.
- L'Afrique demeure souvent spectatrice de décisions prises à l'extérieur, ce qui souligne l'urgence de renforcer son autonomie stratégique.

4. Bretton Woods : réformer ou dépasser ?

Deux voies se dessinent pour l'avenir :

1. **Réformer en profondeur les institutions existantes**, afin qu'elles deviennent de véritables partenaires du développement africain, en réévaluant conditionnalités, objectifs et modes de gouvernance.
2. **Dépasser le système et imaginer de nouvelles formes de coopération internationale**, où l'Afrique n'est plus bénéficiaire passif, mais un acteur capable d'influencer les règles du jeu mondial et de peser sur la redistribution des richesses et du pouvoir économique.

5. L'Afrique comme actrice, non comme bénéficiaire

Le message central est clair : le développement africain durable passe par la maîtrise de ses choix économiques, sociaux et politiques. Cela implique :

- Une souveraineté alimentaire et industrielle réelle, garantissant sécurité et indépendance ;
- La capacité à protéger intelligemment ses marchés et ses ressources naturelles, tout en favorisant l'innovation et l'investissement local ;

- Un investissement social stratégique, ciblant éducation, santé, égalité des chances et développement humain global.

6. Vers un nouveau pacte économique mondial

L'Afrique, en tant qu'actrice, peut inspirer un nouveau pacte économique mondial fondé sur :

- L'équité et la justice dans les relations Nord-Sud ;
- La reconnaissance des asymétries historiques et structurelles ;
- La coopération basée sur le partage des savoirs, la solidarité et la construction de solutions adaptées aux réalités locales.

La transformation du système international dépendra de la capacité de l'Afrique à capitaliser sur ses expériences passées pour construire des stratégies novatrices, inclusives et résilientes.

7. Conclusion : L'Afrique au centre du développement

Cet ouvrage montre que la stabilité économique offerte par Bretton Woods n'a pas suffi à générer une prospérité durable en Afrique. La voie du futur passe par un repositionnement stratégique, où le continent prend les rênes de son développement et participe activement à la refondation d'un ordre économique mondial plus juste et équilibré.

L'Afrique n'est plus simple spectatrice ; elle doit être au centre de son destin, capable de transformer défis en opportunités, dépendance en autonomie, et vulnérabilité en puissance. La reconstruction d'une Afrique souveraine et résiliente constitue à la fois un impératif interne et une contribution majeure à la réinvention d'un système économique mondial équitable.

24. Postface – L'Afrique comme actrice : réfléchir, choisir et bâtir

Lorsque l'on referme cet ouvrage, l'impression qui domine est celle d'un paradoxe persistant : l'Afrique regorge de richesses naturelles, humaines et culturelles, et pourtant, elle reste prisonnière de modèles économiques qui lui sont souvent étrangers. Cette postface n'a pas pour ambition de répéter ce qui a été dit, mais plutôt d'ouvrir une réflexion complémentaire et prospective sur le sens de ce cheminement intellectuel et sur les perspectives concrètes qui s'ouvrent.

1. Retour sur le fil rouge

L'analyse qui précède a exploré, chapitre après chapitre, le rôle du FMI, de la Banque mondiale et des institutions internationales dans le développement africain. Elle a révélé :

- **Des intentions initiales souvent louables**, centrées sur la stabilité macroéconomique et la reconstruction post-coloniale ;
- **Une mise en œuvre contrastée**, qui, malgré des succès partiels sur les indicateurs macroéconomiques, a engendré des coûts sociaux et humains considérables ;
- **Des asymétries structurelles et institutionnelles**, qui ont limité l'efficacité réelle des programmes sur le bien-être des populations et sur la souveraineté des États africains.

Le fil rouge de l'ouvrage – illustré par le Ghana comme laboratoire exemplaire – a permis de mettre en lumière les paradoxes du développement : un pays présenté comme modèle international peut simultanément être le théâtre de fragilités profondes, de fractures sociales invisibles dans les statistiques officielles et de contraintes structurelles imposées de l'extérieur.

2. Leçons personnelles de cette recherche

Rédiger cet ouvrage a été un exercice exigeant de synthèse et de critique, permettant de confirmer plusieurs convictions fondamentales :

- **Le développement n'est pas qu'une affaire de chiffres** : il est avant tout une question de dignité, d'accès aux droits fondamentaux, de capacités locales et d'opportunités réelles pour chaque citoyen.
- **La dépendance aux modèles extérieurs** a ses limites et peut renforcer la vulnérabilité et la marginalisation si elle n'est pas accompagnée d'une stratégie endogène.
- **L'Afrique possède le potentiel et la responsabilité** de se réinventer comme acteur autonome de son développement, capable de transformer contraintes et vulnérabilités en leviers d'innovation.

Ces leçons dépassent le cadre académique. Elles invitent chaque lecteur, qu'il soit décideur, universitaire ou citoyen engagé, à interroger les structures de pouvoir, les modèles économiques et les récits officiels qui façonnent notre compréhension du développement.

3. Une invitation à l'action et à la réflexion

La postface se veut également un appel à la réflexion active et à l'engagement :

- **Remettre en question les approches universelles** qui ignorent les contextes locaux et les spécificités culturelles, sociales et économiques ;
- **Valoriser les solutions endogènes** et les savoirs africains, en combinant innovation locale et meilleures pratiques internationales adaptées ;
- **Redéfinir la coopération internationale**, non pas comme une simple aide, mais comme un partenariat respectueux, équilibré et fondé sur la souveraineté et l'autonomie décisionnelle des pays africains.

Le défi est immense, mais la créativité, la résilience et l'histoire du continent offrent autant d'opportunités pour imaginer un développement durable, juste et inclusif, capable de transformer la dépendance en autonomie et la vulnérabilité en puissance.

4. Vers un horizon partagé

Enfin, cette postface rappelle que la réflexion sur Bretton Woods et le développement africain ne se limite pas à une période ou à un continent :

- Elle s'inscrit dans une réflexion globale sur les relations Nord-Sud, les inégalités structurelles et la responsabilité collective dans un monde interdépendant ;
- L'Afrique, loin d'être un simple spectateur, peut devenir un **acteur majeur du changement**,

capable de proposer de nouvelles règles du jeu économique et social, de dessiner ses propres trajectoires de développement et de peser sur le système international.

Ainsi, cette postface n'est pas une conclusion définitive : elle constitue **une ouverture**. Une invitation à penser autrement, à agir différemment et à bâtir, ensemble, un avenir où le développement n'est pas subi, mais choisi, maîtrisé et partagé.

Oumarou Sanda Awal

25. Annexe I – Glossaire des termes clés

Ajustement structurel (PAS)

Programme économique imposé par le FMI et la Banque mondiale visant la stabilisation économique des pays en crise : libéralisation, privatisation, discipline budgétaire.

Banque mondiale (BM)

Institution internationale créée à Bretton Woods pour financer la reconstruction et le développement, jouant un rôle central dans les politiques de prêts et de réformes.

Bretton Woods

Conférence de 1944 ayant institué le FMI et la Banque mondiale, fondée sur la coopération économique et la stabilité monétaire mondiale.

Cash and carry

Système de paiement direct pour l'accès aux services publics, utilisé dans le secteur de la santé sous les PAS, limitant l'accès aux populations pauvres.

Conditionnalité

Exigences économiques et structurelles imposées aux pays emprunteurs par le FMI ou la Banque mondiale pour l'octroi de crédits.

Consensus de Washington

Recommandations économiques promues à partir des années 1980 : libéralisation, déréglementation, discipline budgétaire, ouverture aux marchés internationaux.

Décolonisation

Processus par lequel les pays africains obtiennent leur indépendance politique, ouvrant la voie à leur intégration dans le système Bretton Woods.

Développement endogène

Stratégie de développement fondée sur les ressources et capacités internes d'un pays, avec un rôle actif de l'État et des investissements sociaux et industriels.

Dette souveraine

Dette contractée par un État auprès de créanciers internationaux, souvent accompagnée de conditions contraignantes.

État stratège

Rôle de l'État qui guide, protège et régule l'économie nationale pour favoriser un développement durable et autonome.

Expropriations

Pratiques par lesquelles les ressources ou biens nationaux sont transférés à des acteurs privés ou étrangers, souvent dans le cadre des réformes économiques.

Filières vivrières

Systèmes agricoles locaux destinés à l'alimentation interne, souvent fragilisés par la libéralisation et la concurrence internationale.

Fracture sociale

Inégalités et divisions au sein de la société, accentuées par les politiques d'ajustement et la pauvreté multidimensionnelle.

Gold Coast

Référence historique au Ghana, illustrant le paradoxe de la richesse naturelle non traduite en prospérité sociale.

Investissement social

Dépenses et politiques visant à améliorer l'éducation, la santé et le bien-être des populations comme levier de développement.

Libre-échange

Système commercial international favorisant la circulation des biens et services sans barrières tarifaires ni réglementaires.

PPTE (Pays pauvres très endettés)

Programme international visant à alléger la dette des pays les plus pauvres pour permettre un développement durable.

Souveraineté alimentaire

Capacité d'un pays à produire et contrôler son alimentation, réduisant la dépendance aux importations.

Stabilisation macroéconomique

Mesures visant à contrôler l'inflation, réduire les déficits et maintenir l'équilibre budgétaire.

Tournant idéologique

Passage du développement dirigé à l'ajustement structurel et au consensus de marché dans les années 1980.

Voix institutionnelles / voix populaires

Distinction entre les discours officiels des institutions financières internationales et les expériences vécues par les populations locales.

26. Annexe II – Glossaire des abréviations et sigles

BID – Banque Interaméricaine de Développement

BM / WB – Banque mondiale (World Bank)

FMI / IMF – Fonds Monétaire International (International Monetary Fund)

PAS / SAP – Programme d'Ajustement Structurel (Structural Adjustment Program)

PPTE / HIPC – Pays Pauvres Très Endettés (Heavily Indebted Poor Countries)

OPEP / OPEC – Organisation des Pays Exportateurs de Pétrole (Organization of the Petroleum Exporting Countries)

OCDE / OECD – Organisation de Coopération et de Développement Économiques (Organization for Economic Cooperation and Development)

UE / EU – Union européenne (European Union)

PMA / LDC – Pays les Moins Avancés (Least Developed Countries)

IDH / HDI – Indice de Développement Humain (Human Development Index)

GATT – Accord Général sur les Tarifs Douaniers et le Commerce (General Agreement on Tariffs and Trade)

OMC / WTO – Organisation Mondiale du Commerce (World Trade Organization)

CPIA – Country Policy and Institutional Assessment (Évaluation des politiques et institutions des pays)

IDE / FDI – Investissement Direct Étranger (Foreign Direct Investment)

Dép. budg. / Fiscal Dépense – Dépenses budgétaires

27. Bibliographie

Ouvrages historiques et institutionnels

Acemoglu, D., & Robinson, J. A. (2012). *Why Nations Fail: The Origins of Power, Prosperity, and Poverty*. New York, NY: Crown Business.

Bessis, S. (2002). *Western Supremacy: The Triumph of an Idea*. London, UK: Zed Books.

James, H. (1996). *International Monetary Cooperation Since Bretton Woods*. Oxford, UK: Oxford University Press.

Rodney, W. (1972). *How Europe Underdeveloped Africa*. London, UK: Bogle-L'Ouverture Publications.

Stiglitz, J. E. (2002). *Globalization and Its Discontents*. New York, NY: W. W. Norton & Company. Penguin.

Stiglitz, J. E. (2007). *Making Globalization Work*. New York, NY: W. W. Norton & Company.

Ouvrages et travaux en économie du développement

Collier, P. (2007). *The Bottom Billion: Why the Poorest Countries Are Failing and What Can Be Done About It*. Oxford, UK: Oxford University Press.

Easterly, W. (2007). *The White Man's Burden: Why the West's Efforts to Aid the Rest Have Done So Much Ill and So Little Good*. New York, NY: Penguin Press.

Sen, A. (2001). *Development as Freedom*. Oxford, UK: Oxford University Press.

Rapports et documents institutionnels (imprimables)

International Monetary Fund. (1980–1990). *International Financial Statistics Yearbook*. Washington, DC: IMF.

International Monetary Fund. (années multiples). *World Economic Outlook* (édition annuelle). Washington, DC: IMF.

World Bank. (1984–1990). *World Development Report* (édition annuelle). Washington, DC: World Bank.

World Bank. (1994). *Adjustment in Africa: Reform, Results, and the Road Ahead*. Washington, DC: World Bank.

World Bank. (2000). *World Development Report 2000/2001: Attacking Poverty*. New York, NY: Oxford University Press for the World Bank.

Classiques sur dette et politiques financières

Kapur, D., Lewis, J. P., & Webb, R. (1997). *The World Bank: Its First Half Century* (2 vol.). Washington, DC: Brookings Institution Press.

Raffer, K. (2004). *The Debt Crisis and the South in an Era of Globalisation*. In: Spoor, M. (eds) Globalisation, Poverty and Conflict. Springer, Dordrecht.

Références sur géopolitique et économie globale

Keesing's/World Status Report (édition annuelle). (Disponible en bibliothèque universitaire).

Table des Matières

Structures éditoriales du groupe L'Harmattan

L'Harmattan Italie
Via degli Artisti, 15
10124 Torino
harmattan.italia@gmail.com

L'Harmattan Hongrie
Kossuth l. u. 14-16.
1053 Budapest
harmattan@harmattan.hu

L'Harmattan Sénégal
10 VDN SICAP AMITIE 3
BP 45034 Dakar-Fann
direction@senharmattan.com

L'Harmattan Cameroun
Tsinga/Derrière polyclinique FECAFOOT
BP 11486 Yaoundé
Jacques.koukam@harmattan.fr

L'Harmattan Burkina Faso
Villa 281, secteur 23 623, rue 14.32
Ouagadougou
zagbie@outlook.fr

L'Harmattan Guinée
Almamya, rue KA 028 OKB Agency
BP 3470 Conakry
harmattanguinee@yahoo.fr

L'Harmattan RDC
185, avenue Nyangwe
Commune de Lingwala – Kinshasa
matangilamusadila@yahoo.fr

L'Harmattan Congo
219, avenue Nelson Mandela
BP 2874 Brazzaville
deunovmikhael@gmail.com

L'Harmattan Mali
Immeuble Mgr Jean Marie Cissé
Aci Hamadallaye
BP 145 Bamako
syllaka@yahoo.fr

L'Harmattan Togo
Djidjole – Maison Amela
face EPP BATOME
02 BP 20680 Lomé
didieramela11@gmail.com

L'Harmattan Côte d'Ivoire
Résidence Karl – Cité des Arts
Abidjan-Cocody
03 BP 1588 Abidjan
harmattan.ivoire@gmail.com

L'Harmattan Bénin
Rue 604, (Immeuble à l'entrée
de la rue UCAO- Cite de Saint-Jean)
Cotonou
stepcorpus@gmail.com

Nos librairies en France

Librairie internationale
16, rue des Écoles
75005 Paris
librairie.internationale@harmattan.fr
01 40 46 79 11
www.librairieharmattan.com

Librairie des savoirs
21, rue des Écoles
75005 Paris
librairie.sh@harmattan.fr
01 46 34 13 71
www.librairieharmattansh.com

www.ingramcontent.com/pod-product-compliance
Lightning Source LLC
LaVergne TN
LVHW010922061026
849535LV00007B/2193
9782336600093